時間縫隙中的文武梟雄

林兆泰　著

林兆泰 著

時間縫隙中的文武梟雄

商務印書館

責任編輯：葉芷晴　林雪伶

裝幀設計：麥梓淇

排　　版：肖　霞

責任校對：趙會明

印　　務：龍寶祺

時間縫隙中的文武梟雄

作　　者：	林兆泰
出　　版：	商務印書館（香港）有限公司
	香港筲箕灣耀興道 3 號東滙廣場 8 樓
	http://www.commercialpress.com.hk
發　　行：	香港聯合書刊物流有限公司
	香港新界荃灣德士古道 220−248 號荃灣工業中心 16 樓
印　　刷：	寶華數碼印刷有限公司
	香港柴灣吉勝街勝景工業大廈 4 樓 A 室
版　　次：	2023 年 7 月第 1 版第 1 次印刷

© 2023 商務印書館（香港）有限公司

ISBN 978 962 07 6705 0

Printed in Hong Kong

目錄

兆泰仁兄新著誌念

以人為鑑 可以

察得失知進退

楊興安

癸卯 仲夏

沒多久之前，兆泰兄出版的《初唐演義》上架，立馬受到廣大讀者歡迎。一紙風行，引發各方注意，形成大賣之局。馬上趁勢發行第二版，內容有所添加，可讀性更為豐富。同時在內地同步發行，雙管齊下，令人佩服。如今再接再厲，在港發行新書，覆蓋民初諸多名人生平軼事，不僅讓讀者長知識，其濃烈趣味性必然增添閱讀樂趣，可期另一輪熱潮。

書中所說的眾多名人，對不少讀者來說，或許只是名字一個。很可能只知其人，而不知其為人，遑論其人軼事。加上香港過去有可言，或不可言的原因，甚少出版有關民初時期的作品，何況涉及人物眾多。加上兆泰兄妙筆生花，史實記人，風趣記事，帶動閱讀的樂趣，的確難得，值得欣賞。

兆泰兄讓我作序，實在不敢。但是閱稿之後，的確引發思潮，簡單一句：好看，值得推薦。熱烈鼓掌，期待新書登場。

王�泓世

暢銷作品包括：《回首看匯豐——懷念昔日培育精神》、《空降當行長：內地工作求生術》、《職場抗逆力：時代巨變下的致勝之道》等。

中國歷史源遠流長，豐富多彩。太平盛世，風流韻事，亂世悲歌，令人長嘆。

可書寫的人物事蹟，浩如煙海，無論人文學者，英雄烈事，都有着深厚的家國情懷和驚人之壯舉，令人敬佩。讀之讓人有提壺灌頂，打通歷史經脈的感覺。

兆泰兄今次從隋唐盛世一躍千里，進入近代史，刻劃描述眾多歷史名人，作另一番的精幹洗練，看頭十足。值得推薦！

賴水清

中國歷史上有三個時代非常特殊：春秋戰國、魏晉南北朝及民國時期。這三個時代，有一個共同點，就是戰禍連年，偏偏又是人材輩出。

春秋戰國是個百家爭鳴的年代，上下數百年亦有夏禹、周公、褒姒、姜子牙、老子、孔子、孫子、范蠡、西施、商鞅、莊子、屈原等耳熟能詳的名字，為人所熟悉。

魏晉南北朝上下英雄才傑輩出，諸如劉備、曹操、孫權、華陀、司馬懿、諸葛亮、周瑜、關羽、張飛、趙子龍、王導、謝安、苻堅、謝靈運、王羲之、陶淵明、劉義慶等等。

民國時期，雖是短短三十八年，卻是梟雄爭霸的大時代。由清末民初，至軍閥割據，名人輩出。坊間為蔣介石、孫中山著書立説，不下千種。在這浩瀚星河之下，我選擇一些突出人物，以出生年份排行先後，選擇其較有代表及趣味性的亮點，讓讀者輕鬆閱讀，進而簡單地了解民國時期的歷史及各路文武英傑。

歷史就是這樣，沒有腐敗的滿清，就沒有辛亥革命。沒

有辛亥革命，就沒有民國。但這段民國歷史，教科書沒有詳述，最接近我們的年代，反而是最陌生的歷史。

自鴉片戰爭以來，中國飽受內憂外患，就像生病的巨人。辛亥革命好不容易帶給國民一絲希望，卻馬上又被軍閥統治的烏雲籠罩。隨後又發動打倒軍閥的北伐，慘烈的抗日戰爭與國共內戰。人民所經歷的辛酸可想而知。

這本名人軼事，是敍述清末民初名人生平偉業及其有趣的事跡，特別是一些鮮為傳媒提及的人物，如楊衢雲、鄒容、譚嗣同、宋教仁等，這些忠肝義膽之士，或可提供讀者一些茶餘飯後的話題。更能從各名人的生平事跡，領略近現代歷史的一鱗半爪。

坊間通常看到的歷史書籍，大都是後繼朝代所書，難免有些偏頗。此書是以廣泛的角度，輕鬆的筆法，描述某些事情及人物，多方面去了解一個歷史名人的面目，雖然篇幅不長，或會帶給讀者另一番的領悟。

古今多少事，都付笑談中！

是為序。

林兆泰

楔子

乾坤易主

1911 年 10 月 10 日，湖北武昌響起了革命第一槍。清兵新軍第八鎮揭竿起義，一場震驚中外的「辛亥革命」即時展開序幕。

槍聲一響，各省紛紛響應，旌旗四起，風雲色變。當時年僅十八歲的學生白崇禧這樣憶述：「我和陸軍小學多人，加入廣西學生敢死隊參加革命。每人發給七九步槍一支，子彈 150 發與清軍對峙⋯⋯」

情勢危急，清廷派陸軍大臣廕昌率軍鎮壓。曾任清外

務副大臣的曹汝霖回顧當時兵荒馬亂的情況:「廕昌率他的軍隊至漢口,檢查一下,竟然發現有些炮兵忘記帶炮彈,有的帶了但又不符大炮的規格,於是又要緊急調換。無形中讓起義軍有足夠時間通電全國,呼籲人民響應。」

滿清政府知道廕昌不能勝任,亦深知朝廷確沒可用之人,只好同意起用袁世凱,並遊說袁世凱復出。

據袁世凱女兒袁靜雲憶述:「馮國璋帶領清兵南下剿滅革命軍時,我父親暗地裏給他六字方針:慢慢走,等等看。」

一方放軟手腳,虛與委蛇,一方熱血滿腔,眾志成城。辛亥革命的成功,乾坤暗換,袁世凱居功不少。

西安事變 1936 年

另一個改變中國命運的「西安事變」,總帶着神祕的色彩。在我輩來說,雖是數十年前的往事,但主要人物都三緘其口,成為迷一般的歷史片段。

導致「西安事變」的兩大事件,是 1931 年的九一八「柳條湖事件」及 1932 年的一二八「上海事變」。

策劃九一八事件是日本「關東軍」參謀石原莞爾。他派中尉河本率領一支小隊，炸毀瀋陽東北柳條湖的一段由日本人興建的鐵路。三名中國士兵出來查看，遭日軍射殺。日軍把屍體拖到鐵路，偽造中國人破壞鐵路被炸死的證據。故此「關東軍」便即時展開侵略行動，馬上佔領遼寧及吉林。

策劃一二八事件，是在 1931 年底。「關東軍」再出陰招，委派田中隆吉及川島芳子，僱用中國籍殺手，殺死上海的日本僧人，引發上海日本僑民怒不可遏，到處襲擊華人，成功製造軍事衝突。於 1932 年 1 月 28 日，日本派海軍陸戰隊向國民軍發動攻擊，並趁機在滿州成立傀儡政權。雖擁溥儀為帝，而政權則由自己作主。這種做法，又怎能掩得世人耳目！

隸屬蔣介石國民軍的張學良東北軍，緊從「攘外必先安內」政策，士氣非常低落。張學良開始懷疑蔣介石的策略「攘外必先安內」是否正確。

1936 年 4 月，張學良祕密會見共黨領導周恩來，並約定停止內戰，共同抗日。

1936 年 12 月 4 日，蔣介石親赴西安督軍。張學良及十七路軍總指揮楊虎城向蔣提出停止內戰建議，但遭蔣斥

責，如不立即進軍便威脅降職調他們去福建。

兩人對蔣的固執，啞口無言。下定決心採取行動。

12 月 12 日黎明，張學良及楊虎城急襲蔣介石駐軍的臨潼，拘捕了蔣介石等十多人。這就是改變中國命運的「西安事變」。

扣押蔣介石的東北軍，出現殺蔣的聲音。但在張、楊等說服下，才達成談判一致。

12 月 22 日，宋美齡、宋子文等毅然到西安談判。25日，蔣介石獲得釋放，並從西安飛南京。張學良自知以下犯上，為表謝罪，親自陪同蔣介石飛往。張學良一抵南京，立即便被特務收監。一禁便是五十四年。

楊虎城在國民黨撤台前夕，他和子女、侍衛、祕書等，都被蔣介石的特務殺害。

1937 年 7 月 7 日開始了「盧溝橋事件」。跟着是八年抗戰，直至 1945 年 8 月 15 日，日本投降而結束這段侵華歷史。

第一章

張謇

1853-1926

張謇（音展），字季直，號嗇庵，江蘇南通人，狀元實業家。1922年，京滬報章舉辦一次民意調查，張謇當選為民眾「最敬仰之人物」。2020年，習近平總書記在企業家座談會上，稱張謇為「愛國企業家典範」。

幼甚聰慧，十五歲中秀才，卻惹下一場長達數年之官司，茲因他祖上三代沒有功名，屬於「冷籍」，要多付報考費才能報考秀才。為着省卻多付的報名費，徵得鄰村張駒用他兒子名義報考。誰知考上秀才後，卻遭張氏勒索無度，負債累累。當地知縣得知，介紹他去浦口吳長慶處擔任文書。適藉又有一個不得志的年青人前來。無巧不成話，這兩人正是左右民國興起的異人。從此成為吳長慶的文武幕僚，此人就是袁世凱。

吳長慶過世後，袁世凱開始他在歷史舞台上的叱咤風雲。而張謇卻婉拒各方的禮聘，聲稱「南不拜張，北不投李」（張之洞及李鴻章），回鄉苦讀。終於二十六年後，以四十一歲之年，中了甲午狀元，當上六品翰林院修撰。

當時考場有一傳聞。監考官是張的舊交，收卷時見張謇卷內有一字空白及抬頭稱呼不當，當即為他修改，呈交翁

同龢。到了殿試，帝師翁同龢特定張謇為狀元，向光緒介紹道：「張謇，江南名士，孝子也。」

1895 年，奉張之洞之命創辦大生紗廠。因為老闆是狀元出身，紗廠的商標均為「魁星」。投產第二年，已獲純利五萬兩。直至 1898 年，百日維新失敗，恩師翁同龢被罷，他知道科舉之夢已破，決心闖出一條實業救國之路，曾言道：

願成一分一毫有用之事，

不願居八命九命可恥之官。

他成功的主因，是他獨具慧眼，常言：

一個人辦一縣事，要有一省的眼光；

辦一省事，要有一國的眼光；

辦一國事，要有世界的眼光。

1912 年，他為清帝起草退位詔書。

1913 年，任北洋政府農商總長。後來發覺袁世凱有稱帝之心，不值其所為，遂回家鄉，開始辦教育和實業。辦教育一定要培養良好的導師，所以他先創立國內第一間南通師範學校。隨後一發不可收拾，在江南辦了幾百間學校，江南子弟蒙受張老之恩多矣！

隨着資金積聚，又創辦油廠、麵粉廠、發電廠、氣象台、航海學院、水產學院、醫學學院等。

難怪在新中國成立後，毛澤東主席在中國民族工業座談會時曾說：「辦輕工業不能忘記海門張謇。」

徐樹錚是北洋傑出人物，他認為張謇是民國當時最合適的總統人選，會同孫傳芳三顧草廬，力勸他競選總統。張謇深知徐樹錚及孫傳芳領導之北洋政府是一盤散沙，已是強弩之末，難有作為。而革命軍聲勢浩大，於是只陪徐、孫兩人喝酒，風花雪月，把盞吟詩，遂成知己。

1922 年，世界性的棉紗危機一觸即發，張謇的紗廠倏忽虧損七十萬兩，而同業對手日本公司乃得到日本政府支持，遂能走出危機。但張謇的乃屬私人企業，又在公益方面投資過大，遭此重創，打擊不可謂不大。

1926 年張謇在南通病逝。一代偉人，中國第一家博物館、第一所盲啞學校創辦人，就此離開他心繫的國家。作為狀元，張謇的書法及詩文極佳。他曾賦詩一首《早梅》，以抒臆懷：

無限含春意，
朔風吹未開。
不知殘雪裏，
已有暗香來。

（按：「疏影橫斜水清淺，暗香浮動月黃昏」是宋林逋描寫梅花的詩句，後人以疏影暗香為梅花代名詞）

第二章

徐世昌

1855-1933

徐世昌，字卜五，號菊人，河南衛輝人。傳是明朝開國名將徐達之後。

七歲喪父，母教堪比孟母。家有餘糧，寧可扔掉，也不讓兒子滋生貪多之心。族人勸她投奔貴為縣令的親戚，徐母拒絕道：「託人餘蔭，罔知艱苦，無復砥礪之心！」

二十四歲時得遇袁世凱，袁十分欣賞徐世昌的滿腹經綸，認為是治世奇才，於是贈金百兩，上京應試。二十七歲中進士，拜張之洞、李鴻章為師。在翰林院一耽便是九年。到第十年，袁世凱開始崛起，拜他為首席智囊。

袁是梟雄，徐是文膽。他的一支禿筆，比袁所統的百萬雄師不遑多讓。他自學英語及軍事，替袁編寫了兩部兵書：《新建陸軍兵略錄存》及《訓練操法詳晰圖說》，為袁培訓新軍的基本課程。

1900 年，八國聯軍入京，光緒及慈禧倉猝出走，徐世昌一路護駕，獲得老佛爺慈禧太后另眼相看。

1904 年，成為中國一千三百年科舉以來最後一次會試的閱卷大臣。

1905 年，入軍機處，破例以漢人身份署理滿人之兵部

尚書。

1906年，任東北三省總督，引入電燈、電話、拖拉機等。使本是日俄爭霸殘破之東北，治理得欣欣向榮。

1911年，武昌起義，徐世昌力主不與革命黨抗衡，借勢逼清帝退位。

1915年，袁世凱稱帝，徐不苟同，退居家鄉。袁死後，被推舉為第二任民國總統。直至四年後，曹錕賄選，結束政治生涯，寓居天津。

徐世昌一生儉樸，每餐只一葷一素。除原配外，還有幾個姨太太各司其職。一日三餐由大姨太監製，三姨太伺候，四姨太則陪行花園。白天吟詩作畫，由二姨太磨墨。晚上睡覺則由夫人安排。治家如治國，井井有條，從沒紛爭。

1933年，日寇邀請徐世昌出山組織偽政權，他斷然拒絕。

1939年，患膀胱炎，因怕被日寇劫持，堅持不去北平就醫，不久病逝，終年八十五歲。

他的詩作可窺其心：

隱隱雷聲雜曉鐘，

疏窗喚醒夢痕濃。

雲來高樹驚棲鳥，

雨洗空山起蟄龍。

他在《韜養齋日記》寫道：

世界上有三種有志之人：

一為有志仙佛之人，

一為有志聖賢之人，

一為有志帝王之人。

求為仙佛之人多則國弱，

求為聖賢之人多則國治，

求為帝王之人多則國亂。

詩畫家張伯駒讚其為官圓通、沉穩、柔韌、機警，賦詩如下：

利國無能但利身，
虛名開濟兩朝臣。
笑他藥性如甘草，
卻負黃花號菊人。

　　徐世昌確是不世之材，藏書萬卷，宋元珍本極多。且創
作楹聯過萬，詩詞五千多首。雖然有負菊人之稱，卻能保住
晚節，正如他的一首《新秋即事》，道出其晚年心境：

夜涼初聽蟀，
午燥尚鳴蟬。
窗靜數聲雨，
畦分一脈泉。
煙雲弄柔瀚，
風露得清眠。
九曲屏風外，
青山臥榻前。

第三章

康有為

1858-1927

康有為原名祖詒，字廣廈，號長素，人稱康南海，廣東省南海縣人。

康自認是孔子般的聖人。自幼隨祖父研習程朱之學，讀書過目不忘。每天早上，拿起五六本書放於桌上，用尖錐力透書本，穿透幾本，當天便讀幾本。

1879 年，他獨自到西樵山白雲洞讀書。這年冬天，他遊歷香港，深受西方文化感染。曾道：「覽西人宮室之瑰麗，道路之整潔，巡捕之嚴密，乃始知西人治國有法度，不得以古舊之夷狄視之。」他在香港購買大量西方書籍，吸取西方的政治理論，埋下維新的種子。

1888 年，中法戰爭失敗，康有為第一次上書光緒，以求改良政治以挽救國家的命運。可惜此書被當朝大臣截留，未到光緒手中。

1891 年，他在廣州設立「萬木草堂」。他一邊授徒講學，一邊宣傳維新變法的思想。梁啟超便是當年的學生。名為學生，實乃助手，時稱「康梁」。

1895 年，得知有辱國體的《馬關條約》簽訂，聯合在京參考的 1300 名舉人，與學生梁啟超一起「公車上書」，奠定

了文人領袖的地位。

帝師翁同龢被罷黜後，康有為儼然成為光緒皇帝的帝師。

1898年，在康有為及梁啟超幕後主持下，推行一系列改革，史稱「戊戌變法」。可惜百日後為慈禧干預。維新變法失敗，康梁流亡海外，光緒亦被軟禁於瀛台。

他在海外十多年，竟然偽造光緒「衣帶詔」，周遊歐美列國，尋求華僑捐款救國，因而獲得大量捐款。康老名為救國，實乃中飽私囊。他在瑞典斯德哥爾摩買下一個小島，建立中式亭園，命名「北海草堂」，過着奢靡生活。

1913年回國，主編《不忍》雜誌。反對共和，籌謀溥儀復位。於1917年與張勳，號稱「文武聖人」，發動復辟。梁啟超為段祺瑞起草電文討逆，自始師生關係決裂。復辟行動迅速被討逆軍擊潰。

康有為很喜歡賣弄文采。有一次在一華僑婚禮上，即興題字給一對新人，寫道：

「司月二大，旦牛住了」

同場賓主皆一頭霧水，不明所以。後來他在每字添上

一筆，變成：

「同用工夫，早生佳子」

眾人無不捧腹大笑。

康有為大力宣傳一夫一妻制，而他卻娶了六個老婆。縱使他學富五車，但私德不佳，只贏得一個「殘缺聖人」的雅號。

康有為晚年在杭州觀看戲劇「光緒痛史」，眼見台上上演「戊戌變法」中的演員飾演康有為，感觸良多，賦詩如下：

猶存痛史懷先帝，
復現前身牽老夫。
優孟衣冠台上戲，
豈知台下有真吾。

戊戌變法，是中國近代史上第一次民主憲政運動。康有為站在時代潮流的尖端，在變法失敗後，卻一步步陷入保皇派的泥沼。然而，他組織和領導的戊戌變法，功績還是不可磨滅的。

第四章

袁世凱

1859-1916

袁世凱字慰亭，河南項城人，民國頭號梟雄。他的人生歷程，可以用兩個「假如」來概括：

有一派人稱，「假如」沒有袁世凱的協助，辛亥革命不會成功，從此便沒有中華民國。

「假如」他不稱帝，他便是中國一代偉人，其功績甚至凌駕國父孫中山之上。

他扎根朝鮮，小站練兵，洹上隱居，當大總統，稱帝洪憲，是他人生五大部曲。

清末時人稱他為「不學有術」，而稱香帥張之洞為「有學無術」。

戊戌政變失敗後，光緒深恨袁世凱，據說畫了他的肖像，每日用箭射他泄憤。

起初他和革命黨好像很合得來。後來根基穩固，便暗殺宋教仁，爭權內閣，甚至稱帝，弄到眾叛親離，病發而逝。

有次他的兒子克文認識妓女葉氏，想納為妾，葉氏並將照片贈與克文。他回家向父親叩頭時，不料照片掉在地上。袁問是甚麼？克文機智地回答說是物色一佳麗，帶照片給父親看。他接照片一看，連聲說好。於是派人接葉氏回來。洞

房之時，新娘才發覺她的丈夫竟是一個五短身材，白髮斑斑的老翁。

袁世凱每日必看《順天時報》，一份由日本外務省在北京出版的中文報紙。但該報經常都發表一些對帝制不利的消息。長子袁克定一心想做太子，心生一計，決定瞞天過海，偷樑換柱，每日偽造一份專門鼓吹帝制、擁護袁大總統做皇帝之類消息的假報紙給父親看。不料有次袁世凱想食五香蠶豆，竟發覺包蠶豆的《順天時報》，日期和家裏的相同，內容卻不一樣。查明原委，袁克定被痛罵「欺父誤國」，被皮鞭痛打一頓。

他從不鍛煉身體。在家走出走入，上落樓梯，都要坐轎，結果是肥到連腳也看不見。

袁世凱六歲啟蒙，由於袁家祖上以武功起家，他常習兵法，更常習武。1879 年偶遇落魄書生徐世昌，兩人義結金蘭，立誓幹一番事業。

1882 年他代清政府監管朝鮮，直至 1894 年日本佔領朝鮮而逃回國內。

1895 年在天津小站練兵，歸北洋大臣李鴻章管轄，後

來叫做北洋軍。同年獲光緒召見，並加入康有為及梁啟超的「強學會」，積極為維新變法奔走，被視為同路人。

1898 年 9 月 18 日，譚嗣同攜光緒密召，夜訪袁世凱，要求他奪直隸總督榮祿之兵權，變法維新。袁世凱信誓旦旦表示：「誅榮祿如殺一狗耳。」兩日後，袁世凱蒙光緒召見後，即乘火車到天津見榮祿，卻把譚嗣同的計劃和盤托出。翌日，慈禧以迅雷不及掩耳廢黜光緒，搜捕維新變法人士。袁世凱以告密有功，擢升山東巡撫。

在山東巡撫任內，大力鎮壓境內義和團，設立山東大學堂，首創商務總局，整飭土藥煙酒，並派遣要員到日本搜集日本銀行及鑄造銀圓章程。至 1901 年，李鴻章病逝，接任直隸總督，北洋大臣。此時袁世凱集內政、外交、軍事於一身，成為舉足輕重的人物。

1908 年，光緒和慈禧先後死去，宣統帝溥儀即位。載灃為攝政王，欲誅袁世凱。後因恐兵變，以袁有足疾為由，着令其回鄉養病。袁雖隱居，而不斷與其手下密切聯繫，謀求東山復出。

1911 年，武昌起義，清廷為勢所逼，重新起用袁世凱

為湖廣總督。袁嫌權力太小，以「足疾未痊」推卻。後清廷委以全權，授予內閣總理大臣，湖北陸海各軍及長江水師皆歸袁管轄。

袁世凱統領北洋軍很快攻陷漢口，與革命軍呈對峙之勢。不久雙方停戰議和，經反覆談判，革命軍決議，若袁世凱能反正，則公舉他為臨時大總統。正當袁世凱興高采烈之際，孫中山從美國歸來，十七省代表推選孫中山為臨時大總統。1912 年 1 月 1 日孫中山就職，宣告中華民國的誕生。

孫中山的歸國就職總統，無疑使袁世凱極為不滿。先前革命黨的答應化為烏有，於是唆使部將馮國璋、段祺瑞等四十多名將領，聯名奏請內閣，主張君主立憲，反對共和。

為打擊北洋軍士氣，推翻滿清，孫中山決定北伐。由於北伐軍隊各自為政，孫中山深知革命軍兵力，不足以與北洋軍對抗，為求革命告一段落，退而思其次，孫中山「以袁倒清」的概念，並以大總統之位力誘袁世凱逼宮清廷。

袁世凱在得到孫中山的保證後，開始逼宮清廷。清廷在袁的要脅下，於 1912 年 2 月 12 日，宣布退位。次日，孫

中山實踐諾言，向參議院提出辭職。2 月 25 日，參議院選舉袁世凱為臨時大總統。3 月 10 日，袁世凱宣誓就職，滿清王朝由中華民國正式取代。

袁世凱自恃不凡，起初他對革命黨還算客氣。後來以為根基穩了，馬上變臉。1913 年 3 月 20 日，袁世凱召宋教仁進京議事，在上海火車站暗殺宋教仁，引發二次革命。孫中山領導的討袁軍大敗，迫使孫中山再次流亡日本。同年十月，袁世凱脅迫國會選他為正式總統。

在任其間，他取消國務院，集大權於一身。1915 年 4 月，日本政府向袁世凱提出「二十一條」條款，作支持袁世凱稱帝。除個別條款外，他幾乎全部答應日方要求。同年八月，袁世凱親信鼓吹恢復帝制輿論，偽造民意，擁戴袁世凱為中華帝國皇帝。12 月 12 日，袁世凱稱帝，年號洪憲。

12 月 25 日，蔡鍔通電全國，反對帝制。護國戰爭爆發，一片倒袁聲中，袁世凱眾叛親離。1916 年 3 月 22 日，袁世凱當了八十三天洪憲皇帝後，恢復「中華民國」。五月下旬袁世凱憂懼成疾，又因尿毒症不治病逝。時年僅五十七歲。

閻錫山認為袁世凱稱帝，是有五類人物推波助瀾：

1、長子袁克定想承繼大統；

2、舊官僚意在封公；

3、清廷意在復辟；

4、有人想陷袁於不義；

5、英俄日三國欲使中國早日崩潰。

最令國人難忘的，就是他稱帝時所發行的銀圓 —— 袁大頭。

在他隱居洹上時，蓑衣孤舟，垂釣江上，曾賦詩如下：

百年心事總悠悠，

壯志當時苦未酬。

野老胸中負兵甲，

釣翁眼底小王侯。

思量天下無磐石，

歎息神州變缺甌。

散髮天涯從此去，

煙蓑雨笠一漁舟。

傳聞袁世凱臨死前曾吃力地吐出四個字：「他害了我。」
是他的軍師楊度或是兒子克定呢？只有他自己才知道！

第五章

楊衢雲

1861-1901

楊衢雲，原名合吉，字肇春，號衢雲，福建海澄人。少年時就讀香港聖保羅書院。畢業之後任職招商局書記及沙宣洋行祕書。

楊衢雲被譽為中國近代史中的無名英雄。被刺殺死後，連墓碑也沒有寫上姓名，是真正的無名英雄。史學家唐德剛認為中國近代史，應該是由楊衢雲開始。

1890年，楊衢雲在香港與謝纘泰等人，成立「輔仁文社」。「以文會友，以友輔仁」是出自論語。起初是討論時政，後來發覺清政府已經不可救藥，便招攬精英，籌組革命。謝纘泰亦是香港《南華早報》的始創人。

1895年，孫中山來港，經滿清政府稱為「四大寇」之一的尤列介紹，兩人一見如故，合作籌備革命。楊衢雲於是解散「輔仁文社」，與孫中山在檀香山成立的「興中會」合併。以香港為總部，更在中環成立「乾亨行」商號，以營商來作掩飾之用。楊衢雲為首任「興中會」會長，孫中山為祕書。籌辦廣州起義，楊任總指揮。由於事機不密，楊衢雲及孫中山遭受清廷通緝，逃往香港。陸皓東等七十多人被捕，陸皓東後被處死，終年二十七歲，陸乃是青天白日旗的設計人。

30

清廷施壓，迫令二人立即離港，五年內不准入境。楊衢雲及孫中山於是流亡日本、星馬等地，亦趁機在海外建立「興中會」分會，散播革命種子。

1900年，楊衢雲辭去「興中會」會長一職，由孫文擔任。

同年由日本回港，發動「惠州起義」。起義失敗返港，在上環結志街寓所，被清廷殺手連開三槍，翌日失救離世。

孫中山和楊衢雲流亡日本期間，曾拍下一張照片，楊坐中央，孫站後排。茲因當時楊是會長，孫是祕書。多年後，蔣介石認為有損孫中山形象，下令以重金買下並加以燒毀，可惜不能如願。

楊衢雲遺體葬於跑馬地墳場，起初只得一個編號6348，碑上不留名字，以防清廷挖掘。

後來後人才向香港政府申請於墓旁立一墓誌銘，以誌生平。亦表示香港政府承認楊衢雲的革命地位。

值得一提的是，1884年春，孫中山與陸皓東一起到天津，投書李鴻章，提出「強清十法」。稍後十一月，孫中山才在檀香山成立「興中會」。而在1895年春，孫中山到香港與楊衢雲會晤，合併「輔仁文社」，在香港成立「興中會」總

照片前排左起：安永東之助、楊衢雲、平山周、未永節及內田良平。
後排左起：可兒長一、小山雄太郎、宮崎寅藏、孫中山、清藤幸七郎及
太原義剛。

部。楊衢雲當了「興中會」會長長達五年，但在歷史的長河裏，似乎從來沒有傳媒認真報道楊衢雲的事跡，值得深思！

據史學家唐德剛指出，一般認為最早成立革命團體乃孫文於1894年在檀香山成立的「興中會」，而忽略了於1890年楊衢雲等在香港成立的「輔仁文社」。楊衢雲開始搞革命時，孫文尚未決心推翻帝制，成立共和。更於1894年親赴天津，意圖上書李鴻章。進言書有否送達李鴻章仍是個謎。但唐德剛戲言，如李中堂看過進言書後，識英雄重英雄的話，孫文已經是清廷重臣了。

一個並不廣為人知的祕聞，是當1895年第一次廣州起義前夕，時論若然事成，由何人出任大總統。當時分為擁楊及擁孫兩派，由於兩派相持不下，孫中山以大局為重，自願退出競選，楊衢雲正式當選會長，廣州起義以楊派為主力。

起義失敗後，兩派互相諉過。孫中山逃往日本及舊金山等地，成立分會。楊衢雲則去南非及新加坡等地，鼓吹革命。後來楊赴橫濱晤孫，再次攜手策劃第二次的惠州起義。

起義再次失敗，回港時在家中楊衢雲遭清廷殺手暗殺。第一代革命烈士壯志雖然未酬，然而革命的火花已經燃點，

革命元老尤列曾題詩如下：

男兒立志出鄉關，
志不成時誓不還。
埋骨豈惟墳墓地，
人間到處有青山。

第六章

王士珍

1861-1930

王士珍，字聘卿，號冠儒，河北正定人，北洋三傑之首。時而主持大局，時而退隱鄉里，頗具神龍見首不見尾之姿，故有「北洋之龍」稱號。

　　世代書香，祖父是秀才，精醫術，通武藝，有「戎馬書生」之稱。父早歿，過繼於伯父。少聰好學，九歲入讀私塾，國學根基扎實。

　　1885 年，入讀天津武備學堂，後到山東任炮兵教習。

　　1894 年，甲午戰爭，日軍猛攻平壤，主帥葉志超失守，他和主帥退至義州。時炮兵飢餓，見村莊有一大缸盛滿麥粉，他拿起兩袋，沉吟片刻，親手將五兩銀子放入缸中封好，才命炮兵上路。

　　1895 年，袁世凱小站練兵，他獲廕昌推薦，委以總教習重任，遂成袁世凱心腹，參與鎮壓義和團。隨着袁世凱位尊權重，王亦水漲船高。

　　1905 年，數萬新軍在河間秋操，慈禧召見王士珍，對他非常讚賞。慈禧曾感慨地說：「生子當如王士珍！」袁世凱越發依重，每有大事，必垂詢於王，故當時王士珍有「龍目」之稱。

1907 年，升任江北提督，微服與一隨從上任。途中投宿，城中所有客棧都拒不收客，回答說是怕驚擾路過的一位知府大人。王唯有在草棚過了一夜。

次日王召來那位知府，對他說：「你的官是捐的吧！你還未上任，已經這麼騷擾百姓。算了，還是回家抱孩子吧。」

1911 年，武昌起義爆發，袁世凱復出任總理大臣，王被任命為陸軍大臣。在共和期間，為表示效忠清廷，辭官歸故里。

1915 年，袁世凱死後，進入北洋軍閥混亂時代。黎元洪出任大總統，他一度出任民國總理，捧着以和為貴宗旨，充當和事老的角色，非常低調。

1917 年，六月張勳復辟，對清廷忠心耿耿的王士珍，隨同張勳把十二歲的溥儀抬出來，宣佈清帝復位。這個鬧劇，只維持了十二天而告終。段祺瑞又當上了總理，王士珍感到面目無光，回鄉隱居。

1917 年 11 月，馮國璋免去段祺瑞總理職務，命王士珍出任總理。但他只做了三個月，從此便離開這個是是非非的政壇。

王士珍為人謙厚，樂於助人。家宅後院設有「三不堂」。堂上設有一副對聯：

困中求志，富中求德，

禪中求己。

仰不愧天，俯不愧地，

內不愧心。

1930 年，病逝北平。時人贈一對聯：

韜略一生才當管樂，

清亮萬古物有羽毛。

（按：喻他一生才如管仲、樂毅，風高亮節如諸葛孔明）

第七章

唐紹儀

1862-1938

唐紹儀，字少川，廣東香山人，即現時珠海唐家灣。

曾任中華民國第一任總理。

1938 年 10 月 1 日，上海和香港各大報章刊登了一則頭條新聞，報道前一天在上海法租界的一椿命案，兇手持斧劈死民國耆宿唐紹儀。報上傳聞唐紹儀暗中與日人勾結而遭國民黨處以極刑；或說唐紹儀不願為日人效力而遭日本特務殺害。眾說紛紜，這椿刺殺真相終能大白於天下。

唐紹儀是晚清最早官費赴美留學幼童之一。赴美之前，曾到香港皇仁書院學習英語課程，及後畢業於美國哥倫比亞大學。

1881 年回國，到天津稅局任職翻譯員。

1882 年，派往朝鮮協助處理海關事務。

1884 年，朝鮮發生兵變，唐紹儀表現英勇，獲袁世凱青睞，從成莫逆。

1895 年，任朝鮮總領事。

1904 年，唐紹儀前往印度，力阻英國奪取西藏統治權的《拉薩條約》，保住西藏主權，立下大功。

1906 年，清朝末年，列強壟斷海關稅務司職位，海關

稅務由外國人作主。唐紹儀毅然收回海關控制權，電召當時的海關稅務司赫德到京聆聽訓示。

1911 年辛亥革命後，擔任清廷代表，與南方國民軍政府伍廷芳議和。

1912 年 3 月 25 日，在袁世凱和孫中山舉薦下，出任中華民國第一任總理。在第一次集體拜會總統袁世凱時，唐紹儀逐一介紹每個內閣議員給袁世凱認識，最後稱說：「按照《中華民國臨時約法》，所有內閣只對參議院負責。」袁世凱故作輕鬆地回答：「大家都是老朋友，我相信大家意見會一致的。」唐紹儀果然說到做到，很多問題經常不向袁世凱請示，自行處理。有一陣子，總統府職員常常指着唐的背影說：「看，今天總理又來欺負總統了！」

但因袁世凱習慣是一言堂，埋下呈辭伏筆。

1912 年 6 月，由於袁世凱不肯簽署會議選舉出來的王芝祥為直隸總督，唐紹儀及蔡元培等憤而辭職。袁怕影響過大，挽留道：「我代表四萬萬人民挽留諸位。」蔡元培立即回答：「我們也代表四萬萬人請總統准許我們辭職。」其後退出政壇，寓居上海。

未幾，唐紹儀在上海創辦一家人壽保險公司，自任董事長，但政治立場始終站在革命黨的一邊。雖然孫中山幾次推薦他為財政部長，但他覺得孫中山的總統制和他的責任內閣制理想難以相容，拒絕出任。

　　1928年，他紆尊降貴，出任中山縣縣長，立志把中山縣建成為國家的模範縣市。經常微服私訪，被人尊稱為「布衣縣長」。

　　1937年，抗日戰爭時，隨着上海、南京相繼淪陷，日本策劃一個「南唐北吳」計劃，敦請唐紹儀及吳佩孚出山，為日本偽政府效力，推舉他們為正副總統。若然拒絕，不惜以綁架挾持方式，迫其就範。然而國民政府亦不斷遊説，勸其力保晚節。唐紹儀深明大義，知道出任這個無權無勇的傀儡總統，定會遺臭萬年。雖與日本政要土肥原賢二過從甚密，但他早已告訴蔣介石，寧做亡國奴，也不當漢奸。

　　1938年，9月30日，由於國民政府情報人員報告，唐紹儀在上海與日本特務確實有緊密接觸。蔣介石始終不信任唐紹儀，吩咐特務頭子戴笠去解決他。因唐愛好古董字畫，戴笠便指揮軍統特務總隊長趙理君，扮成古董商人，把

斧頭暗藏在古董箱內。在唐紹儀準備觀看古董之際，特務拿出斧頭劈死毫無防備的唐紹儀。唐紹儀之死，實屬無辜，蔣介石應負全責。

唐紹儀身高米八，儀表堂堂，但比起他的女婿顧維鈞亦相形見絀。某次袁世凱初見顧維鈞，問唐道：「你家女婿是何處人氏？」

唐答道：「江蘇人。」

袁驚訝地說：「想不到吳郡不獨女子美，男子亦然！」

唐紹儀在他家的共樂園門口，親書楹聯如下：

開門任便迎賓客，
看竹何須問主人。

第八章

黎元洪

1864-1928

黎元洪，原名秉經，字宋卿，湖北黃陂人。他是民國唯一當過三任副總統、兩任大總統的人。他不像袁世凱的叱吒風雲，然一生功過，雖蓋棺而不能定論！

1886 年，考入天津北洋水師學堂。畢業後，在廣東水師服役。

1894 年，黎元洪效力的「廣甲」號戰艦前往黃海保養途中，踫上「甲午海戰」而擱淺。他在海上漂浮數日始給救上岸，但當作逃兵而被監禁半年，後無罪釋放。

1906 年，投奔張之洞。張非常重視黎元洪的務實作風，並提拔擢升為二十一軍統領，亦三度被派往日本考察軍務。

1911 年，武昌起義，被推選為湖北都督。

1912 年，被選為民國副總統。

1913 年，袁世凱及黎元洪當上正副大總統。

1916 年，袁死後，繼任大總統，段祺瑞任國務院總理。

1917 年，總統府與國務院的「府院之爭」導致黎元洪下野。

1922 年，直系軍閥曹錕、吳佩孚趕走皖系徐世昌後，黎元洪又復任總統之職。

1923年，曹錕賄選總統成功，黎元洪只得退位，心力交瘁，東渡日本療養。從此不問政治而專注投資。先後投資銀行及礦廠，同時廣泛捐錢助學。

　　黎元洪素懷大志，其名元洪，隱以朱元璋（洪武）自居。他為官清廉，作風開明。在清末任統領時，明知屬下有不少革命黨員，自己也嚮往共和，於是眼睛半開半閉，種下恩典。直至革命軍拿下武漢三鎮，大家才發現沒有一個服眾的老大來當副總統，不由得想起黎元洪來。於是革命軍逕去黎的寓所，黎被嚇得躲在牀下。革命軍禮貌地把他請出來，但用槍支頂住他腦門，迫他去南京上任副總統。

　　副總統黎元洪經常在瀛台設宴，菜式多為中西合璧。他對人說：「請客全部西菜，中國人多不喜歡，必須滲予部分中菜較為適宜，亦正是制定憲法的道理，不能夠專採西方形式，必須參照一些中國人的習慣。」他與袁世凱的正副總統組合，恰好剛柔並濟。

　　袁世凱稱帝時，冊封他為親王，但他堅不從命，聲稱如再相逼，便一頭撞死。後來張勳復辟，也抵制如故。

　　1928年初夏，黎元洪觀看賽馬時突然昏迷，腦溢血病

逝。翌日，張作霖亦被炸死，象徵北洋軍閥時代漸成明日黃花了。

黎元洪自我評價：

沉機默運，智勇深沉，洪不如袁項城；
明測事機，襟懷恬曠，洪不如孫中山；
堅苦卓絕，一意孤行，洪不如黃善化。

（按：袁世凱，河南項城人，又稱袁項城；黃興，長沙善化人，又稱黃善化）

第九章

段祺瑞

1865-1936

段祺瑞，原名啟端，字芝泉，安徽六安人。號稱北洋之虎，曾出任三屆民國總理。他的名字是和「三一八」慘案連在一起。他處事手腕狠辣，然而在私德上則遠勝其他軍閥。

1885 年，李鴻章創辦「北洋武備學堂」，段以優異成績考入炮兵科。

1888 年，官費派往德國柏林軍校，從而接觸西方民主政制。

1895 年，袁世凱天津小站練兵，他被推薦為總教習。

1901 年，袁世凱將義女許配給他為繼室，從此地位扶搖直上。

1903 年，段祺瑞任練兵處軍令司正使，與王士珍、馮國璋並稱「北洋三傑」。

1908 年，慈禧和光緒先後去世，攝政王載灃欲殺袁世凱。段祺瑞故意製造兵變，致使載灃不敢動手。

1909 年，袁世凱被迫隱居洹上，而段祺端仍留軍中，常與袁世凱私通密議。

1911 年，武昌起義。袁世凱復出，命段為湖廣總督。由於段早年留學德國，接受西方民主思想，在討伐革命軍

時，虛與委蛇，袒護革命軍，並且進言清廷，若不立定共和政府，江山便會盡失。

1912 年，隆裕太后宣佈清帝退位。

1915 年，袁世凱稱帝前，他想試探段祺瑞的口風。段坦誠地說：「不忍見總統為千古罪人。」

1915 年，袁世凱死後，黎元洪繼任總統，國家權力基本上是由總理段祺瑞掌握。

1917 年，張勳復辟，段為討逆軍司令，恢復共和政府。馮國璋任總統，段任總理。

1920 年，直皖戰爭結束，段祺瑞被逐出北京。

1924 年，北京政變，馮玉祥力邀段祺瑞入京，組成臨時政府，段祺瑞三任總理兼總統。

1926 年，北京發生鎮壓羣眾的三一八慘案。事緣國共兩黨聯合抗議要求廢除不平等條約，李大釗等人在北京「煽動」共約五千多名學生遊行示威，朝着北洋政府湧去。

北洋政府以武力鎮壓遊行隊伍，當場打死四十七名學生。

據說事後段祺瑞痛心疾首，親到廣場下跪道歉。隨後

被馮玉祥驅逐下台，從此退居天津，潛心向佛。

在此，某些歷史刊物刻意隱瞞一些重要內幕：

1、遊行參與者李大釗兒子李葆華事後證言，他們的旗桿是挑選較粗的「木棍」，並刻意削尖，上貼口號，做成旗幟的樣子，還組織了「敢死隊」。

2、慘案發生後，段祺瑞立即發出通緝令，大文豪魯迅也榜上有名。以段祺瑞之狠辣手段，怎會到廣場下跪？

段祺瑞當官注重私德，號稱「六不總理」。

不貪污；

不賣官；

不抽大煙；

不酗酒；

不嫖娼；

不賭錢。

段祺瑞喜愛下圍棋，更資助吳清源留學日本，成為一代棋聖。

他也喜愛打麻將，堅信賭品就是人品。有次散局時，他對身邊的人說：「打牌雖是遊戲，也可以看出人性。陸宗輿打牌時，鬼鬼祟祟惹人討厭。別人的錢都放在枱上，他卻放在衣袋。別人和了牌，他便欠人，使人不痛快。」

日本間諜頭子土肥原賢二數次邀請段祺瑞出面組織華北政府，都被拒絕。

1936 年，段祺瑞胃病發作離世。給政府留下親筆「八勿」遺囑：

勿因我見而輕啟政爭；

勿空談而不顧實踐；

勿興不急之務而浪用民財；

勿信過激之說而自搖邦本；

講外交者，勿忘鞏固國防；

司教育者，勿忘保存國粹；

治家者，勿棄固有之禮教；

求學者，勿騖時尚之紛華。

國民政府特予國葬。梁啟超評價説：「其人短處固所不免，然不顧一身利害，為國家勇於負責，舉國恐無人能比。」

　　吳佩孚贈輓聯如下：

天下無公，正未知幾人稱帝，

幾人稱王。奠國著奇功，

大好河山歸再造。

時局至此，皆誤在今日不和，

明日不戰，憂民成痼疾，

中流砥柱失元勳。

　　（按：「幾人稱帝，幾人稱王」，句出曹操之「述志令」篇：設使國家無有孤，不知當時幾人稱帝，幾人稱王。）

第十章

譚嗣同

1865-1898

譚嗣同，字復生，號壯飛，湖南長沙人。十二歲時患重病，昏迷三日，竟奇跡地再生，故字復生。

少年時代便有「劍膽琴心」雅號。父親譚繼洵為朝廷命官，官至戶部郎中、甘肅道台等職。喜好今文，鄙視科舉，周遊全國，結交名士。亦喜習武，曾拜大刀王五，通臂猿胡七為師。

1895 年，「甲午戰爭」敗於日本，清廷被迫簽訂《馬關條約》，割讓台灣與遼東半島及賠償兩億兩白銀。康有為及梁啟超領導千多名舉人，上書光緒反對簽署這條喪權辱國的條約，史稱「公車上書」。（按：漢代以來，以公家馬車載送士人上京考試，後人稱為公車。）譚對《馬關條約》異常不滿，在家鄉組織「算學社」，開湖南維新風氣之先。

1896 年，結識梁啟超，並在湖南設立「時務學堂」。

1898 年，創「南學會」、「武備學堂」。更與唐才常，熊希齡等主辦《湘報》，積極宣傳變法。

光緒接納康梁建議，推行新政，譚嗣同亦積極參與。史稱「百日維新」或「戊戌變法」。

其間，袁世凱獲光緒召見，並加入康梁主持的「強國

會」。譚嗣同以為袁世凱是同路人，便向他告訴光緒的密令：

「殺慈禧心腹榮祿，軟禁慈禧於頤和園。」

可是棋差一着，錯把變法的命運託付於袁世凱。結果被軟禁的是光緒。慈禧再度臨朝訓政，下令逮捕維新人士。康梁避走海外。但譚嗣同卻置生死於度外，拒絕逃跑，決定留下殉道。

最使人難忘，是他偽造父親家書。因他知道造反，必誅九族。於是模仿父親筆跡，寫下了一封訓子家書，放在書桌，內容如下：

「嗣同吾兒，你大逆不道，屢違父訓，妄言維新，狂行變法，有悖國法家規，故而斷絕父子情緣，爾後逆子伏法量刑，皆與吾無關。父字。」

清廷見信後，只罷了他父親譚繼洵的官。

他對中興清朝的曾國藩、左宗棠等名臣，極為不滿。指責他們為異族效命不以為罪，反以為功。

譚嗣同是真正的革命英雄。各人遠走海外逃亡之際，他毅然留下，慷慨赴死。

1898 年 9 月 28 日，譚嗣同在北京宣武門外菜市口刑場

慷慨就義。當劊子手行刑時，譚嗣同忽然大喊一聲：「吾有一言。」無奈監斬官不予理會，這句話也因此成為千古之謎。

同時被害的維新人士有林旭、楊深秀、劉光第、楊銳及康廣仁。史稱「戊戌六君子」。被害時年僅三十三歲。

他在獄中壁上題詩：

> 望門投止思張儉，
> 忍死須臾待杜根。
> 我自橫刀向天笑，
> 去留肝膽兩崑崙。

東漢張儉及杜根，皆因彈劾宦官獲罪判死。張儉全家被殺，而杜根假死得脫。譚嗣同想到當時局勢與他們相似，於是以張檢、杜根作為譬喻。讓逃過死劫的如梁啟超等繼續革命，就留自己慷慨赴義、肝膽相照，就像崑崙山一樣又高大又雄壯。

至於兩崑崙有說是大刀王五及長臂猿胡七。愚見認為去留者乃梁啟超與譚嗣同較合。

第十一章

孫中山

1866-1925

孫中山，名文，字德明，號逸仙，廣東省中山縣翠亨村人。

在流亡日本時，化名為「中山樵」而被稱為孫中山。民國國父，當非孫中山莫屬。他提出三民主義，創建國民黨。一生顛沛流離，嘔心瀝血，靠的只是一張嘴，兩條腿，滿腔熱血，超級智慧，推翻滿清，建立民國。

少年時，孫中山已異於常人，果決而有擔當。他曾把金花娘娘菩薩塑像的手腕拗斷，來驗證神仙會不會流血。更有一次，他和陸皓東不滿巫醫用香爐煙灰醫病騙人，分頭打壞神像宣稱：「神若有靈。必禍於我。木製神像由人而造，豈能降禍福於人？」神像遭人破壞，神仙沒怎樣，村民卻無法善罷甘休，卒之孫中山只有逃難香港，四處學醫。後來考進香港大學前身的香港西醫書院。五年寒窗，以首屆畢業生第二名成績畢業。他在學校非常頑皮，經常扔東西出窗外而遭投訴，有綽號「孫行者」之稱。

1884年，他和陸皓東北上天津，投書李鴻章，提出「人盡其才，地盡其利，物盡其用，貨暢其流」的變法主張，惜李中堂置之不理。若然李中堂接納，孫、陸二人當會出任清

朝命官，從此便沒有日後的中華民國了。

孫中山在香港會晤革命先鋒楊衢雲，方知香港乃是最早的革命基地。於是合併楊衢雲及謝纘泰的「輔仁文社」，成立「興中會」，準備作出第一次的廣州起義。由於走漏風聲，孫中山逃亡海外，到處成立地區性的「興中會」，宣揚「驅除韃虜，恢復中華，創立合眾政府」。

1905 年，他在東京成立「同盟會」，被選為會長，正式提出「民族、民權、民生」的三民主義。同盟會以孫中山為精神領袖；黃興、陳其美、宋教仁等致力武裝起義。

1911 年 10 月 10 日，武昌打響了辛亥革命的第一槍。這個時候，孫中山還在美國科羅拉多州，為一家中餐館打工做茶房，突然接到黃興急電，着他回國就任總統。

坐了一個月的船，孫中山在上海上岸。來接船的革命黨人風聞他帶鉅款回來以解軍費燃眉之急。他如實說：「予不名一文也，所帶回者，革命之精神耳！」

滿清推翻後，孫中山審察形勢，知道革命軍的實力與袁世凱的軍力相差太遠，不得不將大總統的寶座讓給袁世凱，讓他獨享革命的成果。未幾，袁世凱稱帝，各地軍閥討袁。

未及百日，袁世凱被迫取消帝制，恢復中華民國。隨後，各地軍閥割據自治，而孫中山堅持武力統一中國。十年的軍閥混戰展開，民不聊生，生靈塗炭。

孫中山革命多年，痛感如果沒有軍力，一切都是畫餅充飢。於是下定決心，創立黃埔軍校，起用追隨多年的蔣介石擔任校長，從此蔣介石開始嶄露頭角。

1924年，馮玉祥發動北京政變，邀請孫中山北上共商國是。孫中山帶病抵京，不久病情惡化，於1925年3月12日病逝協和醫院，享年五十九歲。

孫中山逝世後，簽名弔唁者竟達74萬多人，送殯者也有30餘萬人。1940年，中國國民黨通電全國，尊稱孫中山總理為國父。

世上凡事都有雙向的。某些對頭人稱孫中山為「孫大炮」，只識憑張儀、蘇秦之舌，周旋於國共，美俄日本之間，遊說金主籌措革命資金。須知張儀、蘇秦乃豪傑也。孫中山所樹立的道德形象，不容置疑。而他能周旋於國民黨內的派系、國共兩黨、美國、蘇聯、日本等外國勢力之間，實屬不易。甚至遊說金主、籌措資金，在這方面，實屬一位卓越

的「縱橫家」，一位劃時代的精神領袖！

　　3月12日，定為植樹節，此日正是孫中山先生的冥壽日子。世人以植樹為節日，乃是紀念中國的一代偉人孫中山，十年樹木，百年樹人。

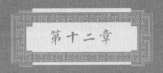

第十二章

章太炎

1869-1936

章太炎，原名學乘，又名炳麟，字枚叔。浙江餘杭人。因仰慕顧絳（顧炎武）而改名章絳，號太炎。家有傳世之醫學藏書樓。

他既是革命元勳，又是國學大師。民國初年，就任東三省籌邊使期間，曾嚴拒帝國主義侵佔中國主權，力保東北礦產資源的一段往事，鮮為人知。若不是歷史檔案館，仍然保存着幾封章太炎致北京政府的親筆書信，後世未必得知他除學術貢獻外，仍懷着憂國憂民的赤子之心。

這段無名英雄事跡，事緣於章太炎到任不久，許多外國銀行及公司前來東北，欲以借款給中國為名，條件是承辦東三省礦務。須知礦產資源，不僅只是銅鐵，還有金銀等貴重金屬，這無理要求當即為章所拒。但稽勳局張通典背着章太炎，祕密與英比銀公司訂立了借款草約，同意外資許多苛刻條件。這份合約以英文為本，乃英比銀公司所立，措辭獷悍無禮。章太炎認為此合約並非借款合同，而是侵佔東北鑛產之合同，乃致函北京財務部反對。亦致函財政總長周學熙陳以利弊，拳拳愛國之心，躍然紙上。

童年時候，章太炎不甚嬉戲。雖然家中麻將聲浪嘈吵，

66

依舊旁若無人地誦經念書。

章太炎在清末民初，可謂大名鼎鼎，與袁世凱、孫中山平起平坐。弟子如魯迅、周作人、黃侃、錢玄同等，無不是顯赫之輩。他曾說過，古往今來成大事者，必有神經病，承認自己也有。

十六歲時應考童子試，題目為「論燦爛之大清國」。他怒不可遏，與考官激烈辯駁「何燦爛之有」，結果被逐離場。

他有過目不忘的天賦。二十三歲時，去杭州師從俞樾，苦學七年。

甲午戰敗後，章太炎憂心如焚，割辮明志，誓逐滿蒙，並參與革命活動。他開始發表「排滿論」，戊戌政變後，遭受通緝，避難台灣。

1897 年，任《時務報》編輯，參與維新運動被通緝，流亡日本。

1903 年，革命烈士鄒容曾寫《革命軍》一書，兩萬餘言，請益於章太炎。章說革命文字，應該人人易明，不用修改。他又因《革命軍》一書作序，觸怒清廷，被捕入獄。

1906 年，出獄後，經梁啟超介紹，認識了孫中山。他

覺得在政治立場上，與孫中山是志同道合。同盟會成立後，他擔任《民報》主編。可是有一次，孫中山自作主張，拿走大筆經費，《民報》眾人甚為不滿。章太炎一怒之下，把孫中山的相片撕下泄憤！

1913 年，宋教仁被袁派人刺殺，章太炎恨極袁世凱。前往北京，走到總統府，用他的「吳濃軟語」漫罵袁世凱，嚇得整個總統府職員，膽戰心驚。章太炎的怒罵，傳到袁世凱耳裏，恨不得馬上殺了他。袁世凱知道殺章容易，但後果堪虞。於是稍施手段，派車來接他見面細談。誰知車子直去鳳凰嶺的龍泉寺，被袁世凱軟禁直至袁死。

1917 年，他脫離國民黨，在蘇州設立「章氏國學講習會」，從此以授學維生。

1928 年，蔣介石宣佈北伐成功，把中華民國的五色國旗改為青天白日滿地紅旗。在他看來，蔣介石以黨為國而當主席，和袁世凱之稱帝，乃一丘之貉，所以他採取不合作態度。在 1936 年去世時，他的夫人以五色彩緞為章太炎入殮，自命「中華民國遺民」。

1932 年他到北京大學授課。因滿口餘杭話，需要弟子

劉半農翻譯，錢玄同負責寫黑板。晚年憤恨日本侵華，積極贊助抗日救亡運動。

章育四女，均以古字命名。分別為：

「章㸚」音里；

「章叕」音輟；

「章㠭」音展；

「章㗊」音仄。

因為沒有人識讀這些古字，累得四個女兒差點嫁不出去。

章太炎一直質疑殷墟甲骨文的真實性。他認為龜甲埋在地下數千年而不朽腐，是不可能的事。

章太炎家傳醫道。曾有人問：「先生你的學問是經學第一，還是史學第一？」

章答道：「實不相瞞，我是醫學第一。」

六歲時，父親邀請十多位文人在家飲酒賦詩，時下大雨，一位老先生命太炎應景賦詩。神童應聲提筆一書而就：

天上雷陣陣，

地下雨傾盆；

籠中雞閉戶，

室外犬管門。

章太炎，實乃俠之大者！

第十三章

梁啟超

1873-1929

民國諸公，論子女之不凡，梁啟超莫出其右。

梁啟超，字卓如，號任公，廣東新會人。幼極聰慧，父親教書為業。有次隨父作客，偷折一枝杏花，藏於袖內。父親知悉便道：「袖裏籠花，小子暗藏春色。」啟超答道：「堂前懸鏡，大人明察秋毫。」

少年時，到廣州初次謁見張之洞。呈上拜帖，落款「愚弟梁啟超頓首。」香帥不大高興，暗想與你初次見面，便稱兄道弟，乃回敬一字條交與門房：

披一品衣，抱九仙骨，
狂生無禮稱愚弟。

（按：意思是謂我身為一品官，仙風道骨，你這小子竟和我稱兄道弟！）

梁啟超見了字條，不慍不燥，坦然回條寫道：

行千里路，讀萬卷書，
俠士有志傲王侯。

張之洞一看回條，見文字雅量，不卑不亢，忙出衙迎接，大有相見恨晚之感。

十八歲時，拜訪康有為。兩人傾談整日，隨即拜康為師，成立「萬木草堂」，宣揚維新學說。

1895 年，師徒連袂赴京應考進士。適值簽訂《馬關條約》，於是發動十八省應試的舉人，聯名請願，就是著名的「公車上書」。

1897 年，維新政變失敗。譚嗣同送他到日本領使館，經化妝後從天津東渡日本。而譚嗣同則從容就義！

武昌起義，審時度勢，出任袁世凱政權的司法部長。後來袁欲稱帝，便聯同蔡鍔討袁。

1917 年，張勳聯同康有為復辟。梁啟超為段祺瑞起草誓師電文，一舉而成功討逆。自始師徒關係決裂。待孫中山勢力漸大，梁便退出政壇。

他給兒女的信中，談到成功的看法，如下說道：「我常說天下事業無所謂大小，只要在自己責任內，盡自己力量去做，便是第一等人物。」

梁啟超在徐志摩的婚禮上做證婚人。他發言道：「徐志

摩，你人性浮躁，所以在學問方面沒有成就；做人用情不專，以致離婚再娶⋯⋯以後要痛改前非，重新做人！」徐志摩尷尬地低聲哀求道：「請老師顧全弟子一點顏面吧！」

他離開清華研究院前，推薦陳寅恪為教授。校長問陳的學歷和著作，梁答道：「他甚麼也沒有。我也沒有博士學位，著作尚稱等身，但總不如陳寅恪先生寥寥幾百字的價值！」

梁啟超的書房名叫「飲冰室」，是出自莊子——《人間世》之「今吾朝受命而夕飲冰，我其內熱與？」暗喻內心對國家之憂慮，焦灼熾熱，唯有飲冰緩沖。

他平生最大愛好有二：只有讀書可以忘記打牌，只有打牌可以忘記讀書。

梁患有腎病，1926 年在協和醫院診斷後，竟然錯把好的腎切掉，一時輿論譁然。後在 1929 年病逝協和醫院。年僅五十有六！

任公的座右銘：「莫問收獲，但問耕耘。」成就其不平凡的人生。

第十四章

吳佩孚

1874-1939

吳佩孚，字子玉，山東蓬萊人。據說吳母妊娠時，夢見戚繼光。因戚繼光號佩玉，故給兒子取名「佩孚」，字「子玉」。享有「玉帥」稱號，自命為「戎馬書生」。

吳佩孚雖是軍閥，在個人道德修養上卻是力求樹立「正人君子」的形象。也許受到美國《時代》雜誌刊出吳佩孚為第一個中國人登上雜誌封面的影響，德國駐中國大使館的翻譯露娜小姐，瘋狂地愛上這個剛剛登上政治舞台的吳大帥。她千里迢迢由北京飛去洛陽會見吳佩孚，見面之後，更迷戀上這個玉帥。回京後，馬上寫信給吳佩孚。信內只有一句話：「吳將軍，我愛你！你愛不愛我？」

對當時保守的中國人來說，這樣露骨的字眼，簡直是洪水猛獸。負責翻譯的祕書小姐完全被嚇壞，忙問祕書長要不要遞給將軍。祕書長說：「呈給大帥吧。我們怎能扣留人家外國小姐的情信呢！」

祕書戰戰兢兢地把這封信翻譯好，送到吳佩孚面前。吳一看自是心花怒放，一個大男人被小女孩迷戀的奇妙感覺，一定忍不住回家對妻子耀武揚威一番了！

吳佩孚 1896 年中秀才，但在翌年因反對男女同台演

戲，開罪土豪而遭緝拿，並被革去功名。他連夜逃往北京。窮途末路之下，苦讀相書，在街頭擺攤算命，賴以維生，此亦成為他一生最大嗜好。

1901 年，他考入開平武備學堂。

1906 年，投奔統制曹錕麾下，因頭腦靈活，漸受器重。

他治軍甚嚴，實行四守六戒。四守：忠孝節義；六戒：酒色財氣煙賭。

1911 年，武昌起義後，成為曹錕師長手下的團長。

1915 年，晉升旅長，並起兵討袁。

1918 年，護法戰爭，升為師長。

1920 年，直系的曹錕和吳佩孚（直系是直隸省，今河北省）與皖系的段祺瑞（皖系是安徽省），力爭入主北平（今北京）而發生「直皖大戰」。直系五日便戰勝皖系，入主北平。

1922 年，吳佩孚反對梁士詒將膠濟鐵路賣給日本，導致「直奉大戰」（奉是奉天，即遼寧）。最後直系把奉系軍閥張作霖趕出關外，從此聲名大噪。

1924 年 9 月 8 日，美國《時代》雜誌稱他為「常勝將軍」，認為他最有可能統一中國，而讓他登上該雜誌封面，

亦是第一個中國人獲此殊榮。然而，外國人不懂得在中國能成大事者，多是能忍之輩，如劉邦、司馬懿，而不是武將項羽、呂布。

1924 年底，馮玉祥發動北平政變，直系自此一蹶不振。

1926 年，吳佩孚硬着頭皮和奉系張作霖合作，再度攻陷北平，組織聯合政府，企圖共分天下。吳佩孚揮軍南下，張作霖擁兵北上，對抗國民軍，「北伐戰爭」展開。接戰之下，吳軍大敗，逃往四川，託庇楊森多年。於 1932 年，張學良接回他定居北平，自此每日種花念佛，安度晚年。

吳佩孚一生清廉，堅守做人原則，素奉「四不主義」——不斂財，不納妾，不出洋，不住租界。曾用「四不老人」印章，在軍閥中算是難能可貴。

在「不斂財」上，事實證明吳佩孚晚年窮得要靠北平軍委的援助，才能過活。雖風光一生，竟無恆產，連住宅都欠奉。治國忘家的精神，當世罕見。

在直奉戰爭當年，直系吳軍獲勝。王克敏意欲巴結（王克敏乃日後偽政府的漢奸），攜現鈔二十萬親自獻呈吳佩孚，吳駭然不知所措曰：「閣下攜來鉅款，若以供軍餉，吾

當立據示還。如以犒軍，直軍向不敢受格外之賞。閣下此款若於戰前接濟，定當拜領。惜於此時，無論以何種名義，均不敢收。」

吳佩孚以戎馬書生而至將帥，好吟詩填詞，書畫亦頗不俗。平時也很幽默。一次玉帥有舊同窗請纓，說願率五千之眾，平定某地匪亂，但願得地數畝，種樹自娛。吳當面笑曰：「種了樹再說。」

1938年，日本多次邀他組織偽政府，本以「南唐（紹儀）北吳（佩孚）」為骨幹。後唐被刺殺，日人更積極遊說吳佩孚。他大義凜然，斷然拒絕。數月後，因牙患復發，高燒不退，求治於日人伊登醫生。醫治數日，牙患忽轉為敗血症而死。雖無佐證，但普遍認為是給日本特務害死。

晚年閒居念佛，曾賦絕句：

> 豪氣清澄照九天，
> 春夏秋冬情怡然。
> 敢云色相曾參透，
> 卻信軍閥有無邊。

吳佩孚五十大壽時，康有為贈與楹聯，一時傳頌遐邇：

牧野鷹揚，百世功名才一半；

洛陽虎視，八方風雨會中州。

第十五章

黄興

1874-1916

黃興，原名軫，後改名興，字克強，湖南長沙善化縣人。自幼深恨八股文，投考科舉只不過是安慰父母。相反，他特別喜愛習武，曾言：

雕蟲篆刻胡為乎？
投筆方為大丈夫！

黃興是北宋詩人黃庭堅的後裔。祖傳遺訓，永不出仕清朝。1896 年求學時期，由於喜好軍事，每天必練習騎馬射擊，為日後武裝起義做好準備。

1893 年，入讀長沙城南書院，三年後，考中秀才。

1898 年，保送到武昌兩湖書院深造。兩湖書院是新式教育，學習天文、地理、算術、化學及兵操等學科，因此而接觸西方文化。

1902 年，與楊度一起赴日留學。回國後，在武昌兩湖書院，開始認同維新運動，結交章士釗、宋教仁等師弟。經常隨身攜帶鄒容的《革命軍》一書，分發社會各界，埋下了革命種子。

1903 年，在湖南成立「華興會」及在上海成立「光復會」。他賣掉自家莊園，邀集陳天華、章士釗、宋教仁等，以興辦礦業為名，成立「華興公司」。當時口號是：「同心撲滿，當面算清。」

1904 年，適值慈禧七十大壽，計劃湖南起義。惜走漏風聲，官府派兵查封華興。幸黃興外出，逃過一劫。遂逃亡日本。在日本結識孫中山，成立「同盟會」，孫中山任會長，黃任副會長，時稱「孫黃」。

1906 年，同盟會為了決定國旗的設計而鬧出著名的「國旗事件」。孫中山主張用青天白日旗，而黃興認為與日本太陽旗太過相似而反對，兩人幾乎為此而決裂。

1911 年 4 月，黃興領導「黃花崗」起義。他留下一封絕命書給孫中山，率先攻入兩廣總督府，戰至最後，七十二烈士全部殉難。只剩他一人，右手負傷，並斷兩指，「八指將軍」因而得名。

1911 年，10 月 10 日武昌起義。黃興為總司令。12 月攻陷南京。宋教仁及陳其美推舉為「假定大元帥」，議決孫中山歸國主政。

1912 年 1 月 1 日，授黃興為大元帥軍銜。

1913 年，宋教仁遭暗殺。黃興發起二次革命，宣傳反袁思想，積極討袁。

黃興的民主革命思想，與孫中山及宋教仁有很大的不同：

- 孫中山從小受西方教育，是資產階級的民主革命思維。
- 宋教仁由漳江書院吸取新式教育而走上革命道路。
- 黃興則是秀才造反路線。

黃興一生，長期為革命奔波，積勞成疾，因胃出血，於 1916 年病逝上海，時年僅四十二歲。湖南長沙政府為紀念他，把原來的坡子街改名為「黃興路」。

章太炎曾寫輓聯如下：

無公則無民國，

有史必有斯人。

第十六章

張作霖

1875-1928

張作霖，字雨亭，奉天省（瀋陽）海城人。自幼家貧，出身綠林。清政府剿匪無力，向其招安，先後擔任奉天督軍、東三省巡閱使，號稱「東北王」。

十二歲入讀私塾。有一次他帶了一把扎槍去學堂，給私塾先生楊景鎮發現。楊不解其意，遂問。他理直氣壯地答：「昨天見你打人屁股，如你打我，我就給你兩下子！」

張作霖少年時期，曾賣過燒餅，做過木匠，更當過獸醫。若不是皇姑屯刺殺事件，中國的歷史或會改寫。曾經在一次酒會上，一日本官員請張贈字。張大筆一揮，寫了個「虎」字。落款處寫上「張作霖手黑」。回家後，有人提醒他說寫錯了，應該是「手墨」才對。張作霖破口便罵：「媽了個巴子，墨字我不會寫嗎？我能把土地送給日本人嗎！」

張作霖有一特性：用人不疑，疑人不用。第一次世界大戰後，德國克虜伯兵工廠在上海拍賣裝備。他派韓麟春攜鉅款前去拍賣，誰知韓在賭場輸個清光。他唯有發電報回去請罪，說要投江自盡！張作霖急了：「孬種，輸了就贏回來，死甚麼！」馬上派人匯了雙倍錢給他，指示一半用於翻本，一半用於買裝備。韓麟春感動到眼都紅了，豪然再進賭場，

贏回四倍。隨後全部買了裝備。就這樣，張作霖便擁有亞洲最大的兵工廠。

張作霖雖出身綠林，然秉公辦事，從不苟且。有一回，張宗昌從黑龍江省回來瀋陽，剛進辦公室門口就大喊：「老爺子，我回來嘍……」張作霖馬上喝道：「出去！你當這裏是家嗎？重進！」張宗昌馬上立正站好，然後行個軍人禮：「報告，張宗昌到！」

張作霖不像袁世凱的那樣明目張膽地稱帝，而卻選了個大元帥之稱號。他對甚麼自由民主，意見不合的人物都不尊重。常謂：「劉邦約法三章，我就一章。不聽話就槍斃。」他不僅殺了著名報人邵飄萍，連李大釗等十幾個共產黨員都送去絞刑架，可謂喪盡民心。

北伐戰爭後，張學良勸老爹別和南方打了，以免被日本人抄了後路。張作霖大怒：「我有三十萬東北軍，日軍只有萬三人。要收拾他，三天就可鏟平，何懼之有！」

在 1928 年 6 月 4 日，張作霖乘火車回東北，到了皇姑屯，卻被日本關東軍預先埋好的炸藥炸死，享年五十三歲。

所有輿論都報道這次刺殺案是日本關東軍所為。事實

策劃這次刺殺案確是日軍所為，但亦不能排除有人「借艇割禾」的陰謀。人所共知，大部分歷史是下一個朝代所寫，難免有所偏頗。我們試圖從另一角度分析這次爆炸案，或會啟發一種新的思維，作為茶餘飯後的話題。

質疑一：張作霖所乘坐的火車是分三次開出，以防發生事故，像曹操的七十二疑塚一樣。首先開出的第一列專車，是替身坐的，已經過了皇姑屯。張作霖所乘的是第二列專車。至於張作霖是打算坐那一列火車，他是沒有理由事先告訴任何人的。當年也沒有先進的通訊設備如手提電話，可以即時告訴皇姑屯的關東軍張作霖是坐那一列專車。

質疑二：從火車的爆炸情況，關東軍河本大作將二百斤炸藥裝置在橋邊。如果引發爆炸，車軌將會炸飛，車卡將會側斜。但看爆炸圖片，車卡是天花炸飛。如果不是在車內爆炸，就無法做成這樣的破壞。

質疑三：這一列專車，是有三個車廂。一個是張作霖的車廂，另外一個是餐卡及一個工作人員的車廂。爆炸的人如何能夠只爆炸張作霖的車廂呢？

從上述三點質疑，顯然車廂的天花上是預早放有炸藥。

這個人一定知道張作霖是選搭這一列車；又或者三班列車也同時放有炸藥。更深一層思考，這個放炸藥的人也都一早得到情報，日人會在皇姑屯炸車，便巧妙地使用「借艇割禾」之計，替關東軍完成這個任務。這個人的幕後又是誰呢？

古今多少事，都付笑談中！

胡適曾言：從不疑處質疑，乃學問之道。

第十七章

廖仲愷

1877-1925

廖仲愷原名恩煦，字仲愷，廣東惠州人。生於三藩市，父是華工。父親過世後，返回廣州，後就讀香港皇仁書院，1896 年畢業，次年與香港地產商何戴的女兒何香凝在廣州成親。

1903 年，夫婦一齊留學日本，在日本結識孫中山，從此踏上艱辛的革命之路。何香凝成為同盟會首位女會員。他們夫婦的住所，更成為同盟會會議場所。當年出入的人有朱執信、章太炎、胡漢民、汪精衛、黃興、馬君武、蘇曼殊等人。

1906 年，在同盟會的《民報》以「屠富」筆名發表翻譯文章如《進步與貧乏》、《社會主義史大綱》等。

1911 年，辛亥革命後，任廣東省財政廳廳長。

1914 年，協助孫中山組織中華革命黨，為討袁世凱而籌集軍費。

1918 年，隨孫中山到上海，與朱執信、胡漢民等創辦《建設》雜誌。

1922 年，孫中山為打倒軍閥，導致陳炯明叛變，囚禁廖仲愷於廣州。後獲何香凝營救脫險，乘船經港赴滬，會合

孫中山制定「聯俄、聯共、扶農」三大政策。

1924 年，國民黨大會，當選為海陸軍元帥祕書長，協助孫中山籌建「黃埔軍校」，被譽為「黃埔慈母」。

1925 年，孫中山逝世後，廖仲愷不屈不撓地奉行三大政策，密切地與國共合作，無疑是國民黨右派的眼中釘。在一次會議上，坐在他身旁的汪精衛傳了一張字條提醒他，說有人將會對付他。他當即表示：「為黨國犧牲，是革命家的夙願！」

兩日後，廖仲愷偕同何香凝驅車到惠州會館參加會議，當下車登上石階時，突然跳出六、七人，向他開了四槍，當場倒地身亡。同行的國民政府監察委員陳秋霜亦身負重傷，於翌日身亡，何香凝則無大礙。當時一名疑犯逃離現場，遭廖仲凱保鏢擊斃。後來查出疑犯的手槍，乃屬粵軍將官的「文華堂」擁有，而胡漢民涉嫌最大。

這次刺殺案的真相至今仍是個謎。據何香凝事後對切列潘諾夫表示，此事牽涉國民黨內部派系鬥爭。她表示廣州市公安局局長吳鐵城可能參與。因為惠州會館平日有警察駐守，但當天空無一人。吳鐵城乃國民黨的「太子派」，

以孫科為中心，與「元老派」汪精衛、廖仲愷、胡漢民等人對立。

廖仲愷的遇刺，給予蔣介石一記重擊。原本廖仲愷是維繫國際共產黨代表鮑羅廷及中國共產黨的重要元素。廖仲愷的去世，令蔣介石頓失緩衝。

廖仲愷於中國的無私貢獻，可謂鞠躬盡瘁。後來他的妻子何香凝、兒子廖承志、孫子廖暉都是中共的統戰領導人物，也算是澤被子孫了。

在惠州市幸福村，豎立了一塊廖仲愷先生紀念碑。一位名楊暢的村民，自願守護這座石碑六十多年直至終老，也算是一段佳話。

第十八章

秋瑾

1875-1907

杭州西湖西泠橋畔，一座漢白玉雕像，颯颯英姿，凜然浩氣，「鑒湖女俠」，長埋忠骨。

秋瑾，初名閨瑾，字璿卿。浙江紹興人。其家世代為官，通經史，工詩詞，善騎射，精劍術。丰姿英美，善於辭令。常以花木蘭，梁紅玉自喻。

秋瑾愛恨分明，嫉惡如仇。身為女性，卻喜男裝。提倡女權女學，乃婦女解放先驅。為推翻數千年封建制度而犧牲，為辛亥革命作出巨大貢獻。

1896 年，奉父命嫁給湘潭富豪王廷鈞。王氏乃紈袴子弟，男尊女卑，對國家安危，漠不關心。曾詩：

可憐謝道韞，不嫁鮑參軍。

當八國聯軍入侵，她曾悲憤寫道：

漆室空懷憂國恨，難將巾幗易兜鍪。

1904 年，秋瑾不顧丈夫反對，毅然隻身自費留學日本，

96

廣結當年留學生，周樹人、黃興、宋教仁等。在日本始改字競雄，號鑒湖女俠，以示面目一新。並參加天地會，受封「白紙扇」軍師一職。

1905年回國，經徐錫麟介紹加入光復會。七月再赴日本，由馮自由介紹入同盟會。並創辦《白話》雜誌。常寫作至深夜，每寫到沉痛處，捶胸痛哭，憤不欲生。她認為演說是最有效的宣傳革命方法，遂組織演說練習會。

1906年，她抗議清廷與日本勾結，頒佈「清韓留學生取締規則」，憤而回國。在上海創辦「中國公學」。

1907年，她在夫家籌得經費，創辦《中國女報》。勉勵全國婦女，主張「女學不興，種族不強；女權不振，國勢必弱」。自此開始積極籌劃武裝起義。為恐株連家族，遂與王廷鈞脫離關係，立志革命。

她與徐錫麟初時部署7月6日起義，後經考慮，改為7月19日。

不料消息泄漏，風雲突變。清廷搜捕革命黨。徐錫麟乘機於7月6日起義，刺殺安徽巡撫恩銘，可惜被捕犧牲。

7月13日，秋瑾早已獲悉清軍出動，她拒絕逃亡，慷

慨赴義。

7月14日，天氣愁雲慘霧，山陰知縣李鍾嶽負責審訊。李鍾嶽平素仰慕秋瑾之文采，常詠誦其詩句：「馳驅戎馬中原夢，破碎山河故國羞。」

審問秋瑾，他破例為秋瑾設座。李鍾嶽遞給秋瑾一支毛筆，命其撰寫筆錄。秋瑾提筆只寫了一個「秋」字。李鍾嶽命其再寫。秋瑾沉思片刻，寫出「秋風秋雨愁煞人」，然後擱筆，默然無語。

7月15日凌晨，朝廷向李鍾嶽下令處死秋瑾。李鍾嶽告訴秋瑾：「我本欲救你，奈何上峯必欲殺你，非我本意，望你明白。」

秋瑾答道：「公之盛情，我深感戴。今生已矣，願圖報於來世。今我求三事：一我是女子，死後莫脫我衣衫；二求一棺木；三欲寫一家書。」李鍾嶽一一答應，隨即從容就義。

秋瑾視死如歸，遺骨安葬西湖之畔。辛亥革命之後，為表揚一代俠女，紹興有烈士紀念碑，風雨亭。上海建立「競雄女學」，長沙也建秋瑾女俠祠堂。

1912年12月，孫中山致祭秋瑾墓，親題輓聯：

江戶矢丹忱，重君首贊同盟會；

軒亭灑碧血，愧我今招俠女魂。

（按：「江戶矢丹忱」，喻她在江戶「東京舊稱」，矢志不渝，丹心一片，忱熱之情；「軒亭灑碧血」，喻她就義的地方軒亭。）

生為人傑，死為鬼雄。

秋瑾當此無愧！

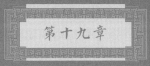

第十九章

陳其美

1878-1916

陳其美，字英士，浙江吳興人。在國民黨內，有「蔣家天下陳家黨」的說法。意味着陳與蔣家的關係，及陳家兄弟的本事。除其哥哥陳其業，弟弟陳其采外，其姪兒也是大名鼎鼎的陳果夫和陳立夫。

1893年十五歲，投身社會為押店學徒。三弟從日本回來，訴說日本如何進步，遂生鴻鵠之志。

1906年赴日留學認識孫中山。一個清晨，他偶在東京公園散步，見一中國青年正在舞劍。他上前搭訕，才知是振武學堂的學生蔣介石。陳見其人長得機靈英武，自動提出結拜。後來他們兩人更與戴季陶結拜，誓為中國革命奮鬥。當時約定陳其美是政治領袖，蔣介石負責軍事，戴季陶則管文化教育。

1908年，陳其美返回上海加入青幫，為支持革命而努力。

1911年，辛亥革命，他領導滬軍攻打杭州。時清兵多為革命黨支持者，遂不攻而破，成為滬軍都督。

陳其美後為上海青幫老大之一，人稱「四快」——口齒快、主意快、手段快及行動快。生性風流，曾患性病，故有

「楊梅都督」之稱。

他創辦精武武術學校，聘請霍元甲為總教頭。

他亦曾辦《中國公報》及協助于右任辦《民立報》。

他手下青幫，在上海代表革命黨活動，結交反清力量，迅速上位，成為舉足輕重的革命領袖。

當時有一趣聞，革命黨想籌集經費，抓到辮帥張勳姨太小毛子，陳其美便以此跟張勳討價還價，假若不付款，便把他的姨太關進籠內，賣票供人參觀。張勳丟不起這個臉，唯有就範。

他不停為袁世凱製造麻煩，袁拿他沒法，派人給他七十萬大洋，說收了就是朋友，不收就是買命錢，陳斷然拒絕。

袁世凱派去上海鎮守的鄭汝成，竟被陳其美的組織刺殺。袁世凱恨極陳其美，知道革命黨經費短缺，於是頒下暗殺令給張宗昌。由於陳其美平時行事謹慎，暗殺不易，便行使毒計，謊稱有一礦地抵押，讓陳其美作為一筆一百萬貸款的中間人，給予回扣四成作為革命經費，並約定到陳其美府上簽署文件。當日寓所四周早已埋伏殺手，待陳其美簽好文件送客之際，殺手便在寓所門外，狂槍掃射，終年三十八歲。

浙江湖州峴山東麓，陳其美墓碑有孫中山手書「成仁取義」四個大字。

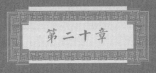

第二十章

于右任

1879-1964

于右任，原名伯循，字誘人。後發覺「誘人」與「右任」諧音，遂改名右任，號髯翁，陝西三原人，與唐朝李靖同鄉。

　　生母早逝，由伯母撫養。于右任在其《懷恩記》中憶述：「伯母每夜督課必至三鼓，我偶有過失或聽到我在塾中嬉戲，常數日不歡。」

　　他也憶述父子經常讀書至深夜。每背書時，必須先向父親鞠躬。也算天道酬勤，于右任於十六歲時考取秀才第一名。

　　平時鬚髯飄逸，一身布衣，慣以寫字為樂。常以香煙罐（罐身印有三個五）盛墨。每罄一罐便大呼：「拿墨來。」

　　有人求字，從不吝嗇，亦從不收錢。一次宴會喝醉，主人求字，他迷迷糊糊一揮而就。

　　第二天，主人拿他所書墨寶登門請教。原來他昨晚所寫的竟然是「不可隨處小便」。

　　他笑着説：「拿剪來。」將字剪下，重新排列。然後哈哈一笑道：「『不可小處隨便』，這不是很好的座右銘嗎？」

　　1905年赴日，結識孫中山，加入同盟會。民國成立後，擔任監察院院長達三十四年之久。

　　于右任創辦《神州日報》。可惜創刊一個月後，鄰居失

火受累而導致停刊。兩年後再辦《民呼日報》、《民籲日報》及《民立報》。雖被勒令停刊，唯革命之心火不斷燃燒。正是當時流行一句說話：「先生一支筆，勝過十萬毛瑟槍。」

北洋政府曾出月薪三千大洋禮聘他，並贈予「文虎勳章」。于拒絕道：「錢，我見過。甚麼文虎章，你們政府的勳章，貓也給，狗也給，我看不值半文錢。」

在監察院辦公時，發現幾名下屬正在觀看鹹書，很是尷尬。于老卻笑道：「血氣未剛，不宜流瀏覽此等書籍，容老夫拿去閉門讀之。」言罷揣書揚長而去。

1949 年，于右任遷居台灣，但妻兒還留在國內。在1962 年，寫了一首千古絕唱《望大陸》：

　　　葬我於高山之上兮，望我故鄉；
　　　　故鄉不可見兮，永不能忘。
　　　葬我於高山之上兮，望我大陸；
　　　　大陸不可見兮，只有痛哭。
　　　　天蒼蒼，野茫茫；
　　　　山之上，國有殤！

1964 年因病與世長辭，一生沒留下恆產，所有收入都捐作慈善。晚年連看牙醫的錢都欠缺。彌留之際，有人問他有何未了之願。他伸出三隻手指，復後再伸一隻。眾人都不明所以。好友柳亞子後來解釋道：

　　　　三間老屋一古槐，
　　　　落落乾坤大布衣！

　　記得曾有人問他：「先生睡覺時，你的美髯是放在左邊還是右邊？」害得他一連幾晚，睡覺前都不知道應該把鬍子放在哪邊！

第二十一章

胡漢民

1879-1936

胡漢民，原名衍鴻，字展堂。廣東番禺人。國民黨早期領導人之一，近代革命家、政治家、書法家及詩人。民國四大書法家之一，善於隸書。其餘譚延闓善長楷書，于右任以草書著名，而吳稚暉則以篆書名世。

民國初期，胡漢民和蔣介石均為孫中山的左右手，而胡的地位一直在蔣介石之上。1924年當孫中山北上之時，胡漢民是代理廣東國民政府的大元帥，蔣介石還只是黃埔軍校校長。

1925年當孫中山過世後，羣龍無首。胡漢民受到汪精衛排擠，又涉嫌行刺廖仲愷，因而在國民黨內失勢，淪為政治邊緣人物，自稱「閉門讀書，冀補學殖荒落之憾」。

十二歲時，其父去世。兩年後母親病故，家境堪虞。及後四個兄弟姊妹亦因無錢就醫而先後死亡，這令敏感的胡漢民變得冷酷而厭世。

十三歲時曾寫過一首種竹詩：

種竹北窗前，
瀟瀟清香發。
本以招涼風，
反教蔽明月。

他於 1901 年中了舉人。次年為兩個富家子弟當槍手，化名入場代考，獲酬六千大洋。

1902 年，考取公費留學日本。後因留日同學吳稚暉與清朝公使鬧意見，被逐離校，他亦憤而退學返國。次年自費留日，考入法政大學，與汪精衛、朱執信等人同窗，還結識了廖仲愷。

1905 年，成為同盟會評議部議員，《民報》編輯。

1907 年，與汪精衛合辦《中興日報》。

1911 年，南京臨時政府成立後，任政府祕書長。

國民政府作風新派，不像北洋政府暮氣沉沉。時人描述蔣介石、汪精衛、胡漢民及孫科四人見客的情況：

蔣會客，客說蔣不說。

汪會客，各說一半。

胡會客，胡說客不說。

孫會客，兩不說話。

他書生味重，早年為孫中山打理文書，後出任廣東都督，歷來公事公辦。一次女婿託他安排工作，他回覆說：「人事不宜。」

姪婿不死心，再請求出任某事務所所長。他回覆說：「所長必有所長，你有何所長任所長？」

胡漢民得知汪精衞要北上行刺攝政王，便勸告他不要逞匹夫之勇而誤了革命大事。汪精衞答道：「梁啟超常罵我們這些革命黨，都是遠距離革命家。所以我現在要以行動去證明我們的決心！」

胡喜歡打麻將，他雖然聰明，但每戰必輸。輸後經常抱怨地說：「以後不打了。」話雖如此，仍然屢敗屢戰。

1936年，晚飯後與潘景夷奕棋。對方一步棄馬陷車，竟然沉思至腦出血。昏迷三日後而魂歸天國。

胡漢民一生清廉，不置私產。與其夫人陳淑子成親後，再無他娶。不像其他民國名人，妻妾成羣！

唯其廉，才能守其正！

第二十二章

孔祥熙

1880-1967

孔祥熙，字庸之，號子淵，山西太谷縣人。祖籍山東曲阜，自詡是孔子第七十五代孫子。南京國民政府成立後長達二十年，國家財政皆由宋子文和孔祥熙輪流執掌。二連襟孫中山，三連襟蔣介石，孔祥熙一聲妹夫，膽小莫問，可謂權傾朝野。

孔祥熙七歲喪母，隨父讀書，國學根基扎實。稍長，考入外國傳教士辦的華美公學，由於成績優異，學校保送美國留學。1907年，獲耶魯大學碩士學位回國。

辛亥革命後，1912年孔祥熙獲得英國硯殼牌火油在山西的代理權，獲利甚豐。

1913年，他東渡日本，擔任中華留日基督教青年會總幹事，巧遇宋查理。

宋查理去日本，原是探望大女宋靄齡。他發現靄齡與孫中山有些感情糾葛。正心煩時，感覺孔祥熙年紀不大，穩重可靠，且是山西首富，又是基督教徒，甚合眼緣。不久在橫濱的一所小教堂裏，傳出「婚禮進行曲」。孔祥熙與宋靄齡正式結為連理。

1915年，孫中山與宋慶齡成婚後，孔祥熙奉命攜帶《建

國大綱》前往北京，策劃推反馮玉祥。

1925 年，孫中山逝世後，孔祥熙出任廣東革命政府財政廳長，為蔣介石管理後方財務。

1927 年，蔣介石與宋美齡結婚。蔣介石當政後，經濟上倚重大舅宋子文及大連襟孔祥熙。宋子文倔強，而孔祥熙順從。

1938 年，孔祥熙就任行政院長。然而很多公文他都交給未滿十六歲的女兒處理，引起院內參事及祕書不滿。他甚至授權兒子孔令侃向美國購買劣質飛機，明目張膽地斂財。

當宋子文在 1933 年辭去財務部長時，孔祥熙接手後，一直做到 1944 年。

1941 年，太平洋戰爭爆發後，美國開始對華援助。於 1942 年，中美簽訂五億美元借款協議。當時行政院副院長兼財政部長孔祥熙利用此借款，在國內發行一億美元「勝利公債」債券。此債券推出沒多久，便衍生一系列貪污腐敗，以權謀私的美金公債舞弊案。

當時的美元官方匯率是一比二十（US$1. 兌 20 元法幣）由於美國軍隊開始進駐中國西南地區，美軍在後方普遍使用

美鈔購物，導致官價外匯與黑市兌換價差距愈來愈大。僅僅幾個月，重慶的外匯黑市價已經從 250 元法幣兌 1 美元升至 600 元。儘管黑市匯率不斷上漲，官方匯率仍然維持一比二十不變。這樣便替那些有權有勢的人物，創造了一個極佳的斂財機會。

紙既不能包着火，這樣的公開斂財又怎能遮蓋眾人之口，輿論矛頭直指孔祥熙，蔣介石下令徹查此案。倒孔浪潮洶湧澎湃，蔣介石不得不考慮撤去孔祥熙財政部長一職。1944 年初，傅斯年在國民參政會上，揭發孔祥熙貪污舞弊。同年十一月，孔祥熙被罷免財政部長之職。

孔祥熙身體肥胖，然而體質很好。平時食用簡單，多是豆餅、麵粉肉團、番薯及菠菜等。

被免職後，對政治心灰意冷，更於 1947 年以治病為由赴美，從此再未踏上中國國土一步。

第二十三章

徐樹錚

1880-1925

徐樹錚，字又錚，徐州蕭縣人，今安徽，皖系將領。少有神童之稱，幼承庭訓，過目不忘。七歲能詩，十三歲中秀才，十七歲獲歲試一等第一名。後棄文從武，文韜武略，皖系無出其右。

1901 年，投書袁世凱不納。碰巧段祺瑞在旅店見徐正在寫字，筆走龍蛇，氣宇不凡。攀談之下，驚為伏龍鳳雛一般人物，馬上納為記室。並保送日本留學。

1910 年日本陸軍士官學校畢業。次年為段祺瑞任總參謀。1912 至 1914 年任陸軍次長。

1919 年用兵外蒙，使外蒙重回中國懷抱。孫中山電賀其功績堪比班超。惜只懂武力鎮壓，不識攻心為上，致貽後患，為沙俄所乘而使外蒙宣告獨立。

1920 年授遠威將軍。

1925 年為仇家馮玉祥派人所殺。

徐樹錚雖然與其他軍閥關係欠佳，卻和晚清實業大亨張謇肝膽相照。一夜張謇忽然做了一個噩夢，見到徐樹錚面色悽苦，步至牀前，唸詩一首：

與公生別幾何時？

明暗分途悔已遲。

戎馬書生終誤我，

江聲澎湃有誰知！

　　吟罷倏忽消失，張謇大驚，忙拿紙筆把詩記下。不多時，徐的噩耗傳來，竟是絕命之詩。

　　徐好崑曲，亦嗜象棋。其棋盤內的「帥」，常用鐵釘釘牢。充分顯示其驕狂性格。有次行軍，至一農莊，與莊主十歲兒子下棋。誰知此子棋藝高超，迫得徐樹錚借用斧頭把「帥」撬起坐歪，才能解圍。

　　他曾出一遊戲上聯給下屬試對。上聯是「開公事房」，是捲簾格，要由下面讀上才知是「房事公開」。一下屬以「了私情案」交卷。徐說馬馬虎虎。筆者如以「關半戶門」對之，徐定必掩嘴而笑道：「門戶半關，房事才可公開！甚佳，甚佳！」

　　一次他拿人事部的文件給總統黎元洪蓋印。黎元洪照例詢問各人履歷如何？他不耐煩地說：「總統何必要問！

我事冗，請速用印。」事後黎對祕書說：「此輩眼中安有我耶！」

若不是他狂妄驕橫，四面樹敵，不會於四十五歲之盛年，為人所殺。

徐曾自賦詩曰：

購我頭顱十萬金，

真能忌我亦知音。

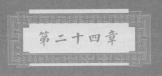

第二十四章

蔡鍔

1882-1916

蔡鍔，原名艮寅，字松坡，湖南邵陽人。一生做了兩件大事。其一是領導辛亥革命，在雲南起義。其二是反對袁世凱復辟帝制，被譽為護國大將軍。

蔡鍔家境清貧，十三歲中秀才。十五歲考入長沙時務學堂。師從梁啟超、譚嗣同。

1899年赴日留學，次年回國參加自立軍革命起義。失敗後改名為「鍔」，效祖逖之中流擊楫，立志刀劍救國。

1902年再去日本就讀陸軍士官學校。

1904年畢業回國，在清廷安排下在湖南、廣西及雲南訓練新軍。

辛亥革命後，中華民國成立。但勝利果實很快便被袁世凱竊取。期間蔡鍔被推舉為雲南都督。因蔡鍔甚得民心，至為袁世凱所忌。袁把他調往北京，志在監視他。

1915年，袁恢復帝制。蔡鍔誓要討回公道，恢復共和。為了迷惑袁世凱，裝出一副漫不經心，整日流連燈紅酒綠，並與名妓小鳳仙廝混。袁見這樣，監督開始鬆懈。蔡鍔便藉此機會，從天津逃往日本，再從台灣經東南亞折返雲南。

回雲南後，蔡鍔如蛟龍入海，組織護國軍隊討袁。

蔡鍔為官清廉，愛民如子。雖曾為雲南都督，四川省長，當袁世凱曾派人抄他的家，竟嚇了一跳。原來蔡鍔貴為將軍多年，而家中並沒有任何不動產。

蔡鍔兒時。父母曾為他定下娃娃親。結婚那天，新娘子不願上轎，結果妹妹劉俠貞上演了一齣替嫁喜劇。

不管影視如何渲染小鳳仙，但在 1951 年，小鳳仙拜見梅蘭芳時，所述如下：

「她童年坎坷，隨奶媽四處漂泊，賣唱為生。蔡鍔在青雲閣認識她時才十五歲。蔡鍔教她識字看書，講些三國水滸故事給她聽。很難說得上知音，頂多是紅顏知己。蔡鍔發動護國戰爭，她甚至不知道滇軍的討袁計劃，更不可能安排護送。知情護送者乃其側室潘惠英。」

在青雲閣時，蔡鍔曾為小鳳仙作一嵌字聯：

此地之「鳳」毛麟角，
其人如「仙」露明珠。

蔡鍔雖然英勇，奈何身體一直欠佳。最後東渡日本求

醫，惜英年早逝，年僅三十四歲，留下無限遺憾。

　　有好事者，替小鳳仙擬一輓聯：

　　　　不幸周郎竟短命，

　　　　早知李靖是英雄。

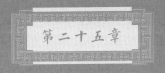

第二十五章

宋教仁

1882-1913

宋教仁，字遯初，號漁父，湖南桃源人。民國羣雄之中，宋教仁是最夠資格稱為真正的政治家，中國憲政之父。

上海閘北公園一處芳草萋萋的墓地上，豎立着一座大理石像，上刻篆文「漁父」兩字，章太炎手書。1913 年，閘北火車站一響槍聲，結束了這個年僅三十一歲的著名政治家宋教仁的生命。

1904 年，「華興會」成立，黃興任會長，宋教仁與章士釗及劉揆一任副會長。1905 年在日本結識孫中山，成立中國第一個全國性的革命組織「同盟會」。孫中山為領袖，黃興有讓賢之德，宋教仁亦為主要領導人。

1911 年初，宋教仁回到上海，擔任《民主報》主筆。用「漁父」之筆名大寫評論文章。

1913 年，以國民黨黨魁身份，到處登台演說，大受民眾歡迎。內容多說及袁世凱一定會撕毀約法，背叛民國。每次演說，報章都會報道。袁世凱深知宋教仁乃其心腹之患，若收買不到，便不除不快。

袁給了一張五十萬元的支票與宋教仁。宋用了一點兒便全數退還給袁。

宋教仁所主張的「責任內閣制」原是獨裁者的剋星。如果宋教仁上位，必不利於袁。眼見國民黨大選大獲全勝，袁立即電召宋教仁進京議事。

前來送行的陳其美勸道：「須防北洋採取暗殺手段！」宋聽了笑道：「只有革命黨暗殺人，那會害怕他人暗殺我！」于右任也勸他小心為上，最好走海路較為安全。可惜他嫌海路太慢，執意要坐火車北上。

1913 年 3 月 20 日晚上 10 時 45 分，當宋教仁步入上海火車時，在月台上被埋伏的槍手暗殺，背部中槍。子彈從右肋骨射入，留院兩日終告不治。

據說黑幫首領應桂馨交給刺客武士英一張黃興及宋教仁合照。開價是兩個打死，上獎；一個打死，中獎。

這個刺宋案牽連到幾個人先後離奇死亡。刺客武士英暴斃獄中；應桂馨被射殺在去天津的火車上；指使應桂馨行動的是袁世凱的心腹——趙秉鈞，也暴斃家中。

宋教仁曾經有兩次在公眾場合，被人掌摑耳光。

第一次是民國元年，有人提議以迎接袁世凱為名，帶兵北上用武。宋認為革命軍實力遠不及袁世凱，會弄巧反拙，

給國民黨元老馬君武伸手打了一記耳光。

第二次是宣讀新黨章時，其中一條是規定不收女黨員。冷不提防給一個女黨員唐羣英衝上主席台，又是一記耳光。

宋教仁用「漁父」為筆名，原來有一段因由的。話說1904年「華興會」祕密策劃起義，可惜走漏風聲。幸好黃興外出，逃過一劫。而宋教仁倉卒離家，逃到江邊，遇到一個打漁老漢，救了他一命。為感漁翁救命之恩，遂以「漁父」為筆名。

宋教仁差十多天才滿三十一歲，英年早逝，黃興輓聯寫得十分坦白：

前年殺吳祿貞，去年殺張振武，今年又殺宋教仁；
你說是應桂馨，他說是洪述祖，我說確是袁世凱。

是誰派刺客殺宋教仁？真的是袁世凱下令嗎？袁世凱的孫子袁家誠，年老時接受香港《蘋果日報》的訪問，是這樣說的：「宋教仁被殺之前，是應我祖父由上海坐火車去北京的。如果我祖父要殺宋教仁，不應該特地請宋教仁去火車

128

站，因為這樣太明顯了，不合情理。」雖然他的說話有替袁世凱開脫之嫌，但也非全無道理。

國民黨元老張繼，在他的回憶錄有着這樣記載：

「1913年，宋教仁被刺後，北京市長王治馨曾親口告訴張繼，當時臨時大總統袁世凱質問國務院祕書洪述祖：「宋教仁到底是誰殺的？」洪述祖回答說：「是我們的人主動替總統出力。」袁聽了非常不高興。這份史料也許說明袁世凱並不知情，而是部下為了討好袁世凱，主動擅自「清君側」的。

宋教仁臨終前，對黃興、廖仲愷、陳其美等人說：「我死後，請給電報袁世凱，要求他開誠布公，保障民權，雖死猶生也！」他調和南北之心，懇望之切，死前雙拳緊握，眼淌淚珠。

桃園何處尋漁父，
長城既毀向誰言。

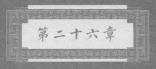

第二十六章

汪精衞

1883-1944

汪精衛，原名兆銘，字季新，廣東三水人。感於「精衛填海」的精神，勉勵自己，便使用了這個筆名發表文章，從此就成汪精衛。（按：精衛乃上古時代一鳥名，其叫聲仿似精衛，故名精衛鳥。）

1904 年，考獲官派留學日本，成為同盟會發起人之一。孫中山任總理，汪任評議部部長。

1905 年，同盟會的《民報》創刊，汪以「精衛」筆名發表文章。

1910 年，汪精衛和黃復生等暗殺團成員，在北京開了一家照相館作為基地，準備暗殺攝政王載灃。由於走漏風聲，汪和黃先後被捕。汪精衛供詞寫得大義凜然，打動了主審肅親王，以「誤解朝廷政策」為由，被判終身監禁。

1911 年，清廷宣佈釋放汪精衛和黃復生。隨後與一同經歷生死的陳璧君結婚。1912 年攜妻前往法國留學。

1917 年，孫中山召他回國協助打理黨務。

1925 年，汪被推舉為國民政府主席兼軍委主席，與軍事領袖蔣介石並駕齊驅。

隨後數年，任汪精衛耍甚麼手段，都鬥不過蔣介石。

1935 年，國民黨第四屆六中全會結束後，汪精衛與林森、張學良等在會場門口合影留念。攝影記者孫鳳鳴突然拔槍，連發三槍，擊中汪面部、背部及臂部。

1938 年，汪精衛出走越南，發出「豔電」（按：因為電報代碼為豔字，故稱豔電），支持對日妥協，從此走上漢奸之路。

他是民國三大美男之首，餘是顧維鈞及梅蘭芳。少年時期，相貌英俊瀟灑。徐志摩在其日記是如此寫道：「1918年在去南京的船上，曾經見過他一面。他真是個美男子，可愛！胡適說他若是女子，一定死心塌地愛他。」偏偏其夫人陳璧君貌寢，由南洋追求他到中國。且夫妻恩愛甚篤，從一而終。孫中山曾說：「夫妻相愛，我輩不如精衛。」

汪公館一天來了很多客人，眾人皆取笑陳公博畏妻如虎，汪精衛說：「大丈夫行得正，企得正，不嫖、不賭、不吸煙、不納妾，何懼之有！」陳恭維說：「以汪先生之不嫖、不賭、不吸煙、不納妾，當然不怕老婆啦！」汪忙揮手示意，原來他才怕得要命。

汪是民國頭號漢奸，已是毫無疑問。但奇怪一直有人

幫他說好話。陳寅恪歎惜他的才華，胡適說他曲線救國。

假如他在 1910 年行刺清攝政王失敗，被清廷斬首，就是民族英雄。

假如他在 1935 年被記者孫鳳鳴連擊三槍而斃，就是革命英雄。

其實這趟暗殺計劃，目標是蔣介石。但最後拍合照時，蔣介石沒有出現，殺手斧頭幫幫主王亞樵唯有算了，就殺汪精衞吧！後來也就是這個槍傷，煩擾他一生，最後發作而死於日本醫院。亦有傳他之死，也與日本間諜毒殺有關。

1946 年審判漢奸一案，眾奸如陳公博、周佛海等皆萎靡不堪。唯獨其妻陳璧君沉穩冷靜，最後辯道：「日寇犯境，國土淪陷，這是汪先生的責任嗎？你說他賣國，可賣了南京，還是重慶？所有日本佔領區，並無寸土是汪先生斷送。相反，他不過是從敵人手中奪回一些權力。」

法庭判她無期徒刑。她說：「本人有受死的勇氣，而無坐牢的耐性，希望改判死刑。」

新中國成立後，考慮將她釋放。她回覆道：「我對日本的和與戰，都是為了救國，屬於殊途同歸，無罪可言。但願

在牢房送走最後歲月。」

精衛詩書俱佳，以下一首最為傳誦一時：

慷慨歌燕市，

從容作楚囚。

引刀成一快，

不負少年頭！

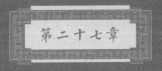

第二十七章

鄒容

1885-1905

鄒容，原名紹陶，字蔚丹，四川巴縣渝中區人，留學日本時改名鄒容。今重慶市，為紀念鄒容而建有一條鄒容路，並在渝中區公園，豎立一個鄒容烈士紀念碑。

十一歲時，正當推行維新運動，從而接受了啟蒙。十二歲時，奉父命應考童子試。他討厭經學陳腐，鄙棄八股文，又因試題深僻，與主考官頂撞，憤而罷考。回家後遭父責打。其後父親迫令他進讀重慶經學書院，鄒容又因攻擊程朱學說，被學院開除。但他關心國事，立志救國，最後重入經書學院完成學業。

1901 年，四川首次舉辦官費赴日留學考試，鄒容由重慶步行至成都應考，後獲取錄。但被某些頑固分子誣告其雖聰穎但行為不端，予以除名。

1898 年，戊戌變法失敗。鄒容得知譚嗣同等六君子遇難，憤而為詩曰：

赫赫譚君故，
湘湖士氣衰。

惟冀後來者，

繼起志勿灰。

1902 年他自費赴日留學，入讀東京同文書院，開始參加革命活動。

1903 年他與陳獨秀等人，剪去辮子，被監督留學生的清朝官員遣送返國。

回到上海，與革命志士章太炎、章士釗結為摯友。是年出版《革命軍》一書。宣揚排滿反清。特邀好友章太炎修改。章看過後，認為文章率直豪放，文字通俗，正好發揮廣泛宣傳作用，而說不用修改。此書由上海大同書局印刷，署名「革命軍中馬前卒鄒容」。

《革命軍》一書，幾乎所有革命志士均人一本，包括孫中山及蔣介石。當年賣出過 110 萬冊，風行海外。

正當《革命軍》一書問世之際，章太炎在其《蘇報》刊登激進仇滿文章被捕入獄。鄒容義無反悔，自投捕房，與章太炎一起坐牢，患難與共！

他在獄中賦詩明志：

我兄章枚叔，

憂國心如焚。

並世無知己，

吾生苦不文。

一朝淪地獄，

何日掃妖氛？

昨夜夢和爾，

同興革命軍。

　　可惜鄒容在獄中被折磨致死，逝時僅二十歲。辛亥革命後，於 1912 年，孫中山追贈他為「陸軍大將軍」。

　　《革命軍》一書，據台灣政治大學楊瑞松教授評論此書，主要是明確界定漢族和滿族的敵我分界，鮮明的排滿言論及仇滿意識。但在政治權力分配上說全由滿人壟斷，及漢人為奴隸均是與事實不符。他認為滿清的政治權分配遠比元朝公平得多。但楊教授並未有理解當時鄒容只不過是一個十多歲的青年，年紀尚輕，思想也存在一定的盲目性及片面性。年青人就是憑着這一股盲勁及衝勁，才能做出敢作敢

為，天地正氣，一一垂丹青的事情。

吳玉章有詩云：

少年壯志掃胡塵，
叱咤風雲《革命軍》。
號角一聲驚睡夢，
英雄四起挽沉淪。

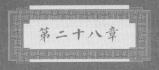
蔣介石

1887-1975

蔣介石，原名瑞元，後改名中正，字介石，浙江奉化溪口人。父蔣肇聰是鹽商，八歲時父病故，家道中落，母王采玉含辛茹苦養育成人。自幼養成堅韌不拔、剛愎自用、足智多謀、多疑多慮的性格。

十四歲師從毛鳳美。習四書五經，強行背誦，而無教法，學益有限。翌年娶了比他年長五歲的毛福梅為妻。十五歲入學堂，得悉日本維新後，弱國變強，便立志學武，東洋求學。

1908 年，留學日本時，結識革命黨人陳其美，同時加入同盟會，認識孫中山。

1922 年，軍閥陳炯明「炮轟總統府」，武裝叛變。蔣臨危受命，急奔永豐艦，與孫中山同生共死，此後得到孫中山的信任。短短幾年，便承繼了孫中山的政治遺產，統一中國。

1924 年，被派往蘇聯學習軍事。回國後，任黃埔軍校校長。

1925 年，孫中山逝世。次年國民黨出師北伐，任蔣介石為總司令。

1926 年，蔣介石下達「北伐動員令」，北洋吳佩孚、孫傳芳節節敗退。

1927 年，在上海以杜月笙為首的「中華共進會」糾集流氓，冒充工人，製造混亂。蔣乘機召集國民黨中央政治會議，下令「清黨」，對共產黨或國民黨內親共的，格殺勿論。於是蔣氏在上海的國民政府成立，與北京的張作霖政府和武漢的國民政府，鼎足而立。

同年七月，北伐連敗，多方不滿。加以汪精衛逼宮，於八月下野。

1928 年，與宋美齡聯姻。婚後不久，汪精衛及李宗仁擁護蔣介石復職。同年六月，張作霖敗北。張學良統領之東北軍宣佈歸附國民政府，建立了統一的民國政府。

《時代》雜誌歷來是世界風雲人物的舞榭歌台。中國人登臨封面以蔣介石為最，從 1927 年 4 月 4 日起，先後露面十次。

十九歲時，蔣介石自費日本留學，結識大哥陳其美。不久辛亥革命爆發，陳其美欲圖大事，囑咐介石回國相助。蔣介石寄了一封家書與母，說明一切並附上絕命照一張。蔣母覆曰：「死生一視於義，毋以家事為念！」

那時革命黨與北洋軍暗殺成風，蔣介石曾對陳其美說：

「此去萬一不幸，而為袁氏所害，余當為兄化身，以成未竟之志。」此語不幸而言中！

孫中山革命多年，痛感無軍之苦，於是下定決心建立黃埔軍校。思忖再三，起用一直追隨在側的蔣介石任校長。蔣不負厚望，培養了大批青年軍人。蔣更以身作則，喝白開水，不穿皮鞋，理士兵髮，食飯堂餐。

1934年，蔣介石發起新生活運動，宣揚禮義廉恥，忠孝仁愛。接受西方生活方式，改變骯髒生活環境，更維護宗教信仰。他後來成了一名虔誠的基督教徒，作息極有規律。

1936年西安事變，蔣介石的幾百名侍從幾被殺死。蔣介石倉卒逃亡，鑽進一個山洞而被揪了出來，也曾一度留下遺囑。

抗日戰爭時期，作為國家領袖，打破地方主義藩籬，並與世界其他四強平起平坐，成為聯合國五個常任理事國之一。

1945年，日本投降後，蔣介石在接收香港問題上，不斷和英國交涉。他滿以為只要派軍隊進駐香港，英國就要接受現實。然而英國亦表示更強硬的決心，派遣夏愨將軍率領

艦隊來接收香港。由於美國總統杜魯門的出爾反爾，國民政府只得讓步。

內戰三年，對蔣介石恍如噩夢一場，如同下圍棋一樣，連丟三塊陣地，迅速崩潰。究其原因，主要是輕視對手，官員腐敗，不得民心。而外援如美國、蘇聯之中止援助，亦直接導致其迅速崩潰。

1949 年，蔣氏父子從成都飛往寶島，在美國的庇護下，從此割據小島，小本經營。然而碌碌江山，換來的只是運走的黃金儲備和古玩文物。

恩空怨幻，溪山無語。蔣介石能在民國時期脫穎而出，自有其一套非凡手段。他一生東征西討，作為一個國民黨內的二線人物，變成革命領袖，集中財權、軍權、政權及黨權於一身，想不成為獨裁者的難度極高。

1975 年，蔣介石病逝台灣。宋美齡把消息告訴幽禁中的張學良。少帥感慨萬千，提筆寫下十六字：

關懷之殷，情同骨肉。

政見之爭，宛若仇讎。

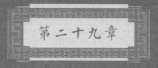
戴季陶

1891-1949

戴季陶，原名良弼，字季陶，四川廣漢人。留日時改名「天仇」，謂與滿清有不共戴天之仇。民初在上海搞期貨，更名季陶，喻承繼陶朱公之意。他是中華民國國歌的作詞人，是孫中山的祕書，與蔣介石是生死之交。

1905 年，十五歲赴日本留學，與蔣介石結拜為兄弟。其後和一日籍護士重松金子誕下一子，竟然算在蔣介石頭上，就是蔣緯國。

1909 年回國，受江蘇巡撫賞識，很快升為湖廣總督。但他不願為官，寧到上海任職《上海日報》。由於鼓吹反清，遭受通緝，唯有遠遁南洋，並加入同盟會。

民國初年，戴季陶擔任《民權報》主筆，筆名天仇。文筆雄渾，措辭激辣。他發表了一篇〈殺〉的文章，言道：

熊希齡賣國，殺！
唐紹儀愚民，殺！
袁世凱專橫，殺！
章炳麟阿權，殺！

袁世凱認為他鼓吹殺人，逮捕入獄。妻子探監時，他自勉道：「報館不封門，不是好報館；主筆不入獄，不是好主筆。」

出獄後，戴季陶跟隨黃興四處起義，協助黃興起義，還當過孫中山祕書，對抗北洋軍。

陳炯明叛變，戴季陶緊急通知蔣介石。蔣一副忠肝義膽，為孫中山鞍前馬後效力，獲得了孫的信任。

1922年，他與蔣介石合資的股票投機生意慘敗，回四川的輪船上跳江自殺，幸被救回。

1926年，戴季陶任中山大學校長。並成立中國童子軍，會員五十萬。童軍歌「日行一善」乃出於戴校長手筆。

1928年，任國民政府考試院院長，一當便當了二十年。

1936年夏天，他作為中國奧運代表團團長，率隊到德國參賽。開幕前，他會見了希特拉和納粹喉舌戈培爾。他也曾出訪印度，與總理尼赫魯、大文豪泰戈爾、甘地等會面。

1936年12月西安事變，戴是主戰派，眼看宋家堅持主和，在休息室想了很長的時間，然後突然向與會者磕頭，言道：「我是信佛的。活佛在拉薩。去拉薩拜佛有三條路：一

是由西康經昌都，二是由青海經玉樹，還有一條是由印度越大吉嶺。誠心拜佛的人三條路都走。這條路不通走另一條，總有一條走得通的。不要光走一條路。」說完再叩一響頭，拂袖而去。

1945年，抗戰結束，戴季陶力勸蔣介石不要過急派兵東北剿共，蔣以國際領袖自居，怎能聽得逆耳忠言！當時很多友好向他祝賀抗戰勝利，他說「有什麼值得慶賀？哭還在後頭……」。不幸而言中，遼瀋戰役、平津戰役及淮海戰役蔣介石都一敗塗地，終於落得退守台灣的下場。

戴季陶懼內，戴夫人鈕有恆比他大四歲，戴喊她為姐姐。她在丈夫的臥室設一銅鈴。朋友來訪，戴滔滔不絕之際，銅鈴響起便噤若寒蟬。她經常告誡戴勿多言。有次胡漢民主持會議，見戴發言沒完沒了，便大聲說：「姐姐來了。」戴果然立即停口。

戴季陶一生很信宿命。1949年2月，他親自把平時拜佛的十一個古銅千手觀音送到六榕寺安放，還和居士胡毅生談禪，更提及他將會離開此一惡世。翌日，戴季陶服安眠藥自殺，終年五十九歲。

蔣緯國傳記作者汪士淳在書中這樣寫道：有一天，蔣緯國跟宋美齡見面，蔣夫人說有空可到我的書房看書。他偶然翻到一本美國作家寫的蔣家故事，提到蔣介石第二個兒子不是親生的。他看後很奇怪，又不敢問蔣介石，於是反過來問那個一直都口中叫親伯的 —— 戴季陶！

第三十章

趙元任

1892-1982

趙元任，字宜仲，江蘇陽湖人。父親趙衡年中過舉人，善於吹笛。母親馮萊蓀善詩詞，好崑曲。自稱是宋太祖趙匡胤三十一世孫。他與梁啟超、王國維及陳寅恪合稱清華四大導師。

　　他精通中國 33 種中國方言，堪稱「漢語言學」之父。他更精通英、法、德、日及西班牙等外語。他的語言天才，很可能拜他幼年時期，經常居住不同的地方所賜。他四歲住磁縣，五歲住祁州，六歲住保定，七歲住冀州，八歲搬回保定，九歲又遷往冀州，十歲才回老家江蘇常州。

　　1907 年，入讀南京江南高等學堂。

　　1910 年，官費留學美國。

　　1918 年，考獲哈佛大學博士學位。

　　1920 年，回國任教清華大學。

　　1938 年，赴美任教耶魯大學。五年後任教哈佛大學。

　　1945 年，趙元任被選為美國語言學會會長。

　　1950 年入籍美國。

　　1959 年曾到台灣大學講學。

　　1973 年，他回國探親，獲周恩來總理接見。

趙元任學貫中西，但沒有走進中國知識份子之「學而優則仕」的道路，而把畢生所學，回饋社會。

他曾替上海商務印書館出版《國際音標國語正音字典》錄音。有次他和太太楊步偉來港購物。港人慣用英語及廣東話，能說國語的不多。他雖然是漢語專家，但廣東話卻不靈光。他和售貨員說了半天的話，怎講都弄不明白，唯有離店。離開時，售貨員奉上一句：「先生，我建議你買一套國語錄音帶學一學，你的國語太差了！」

趙元任問：「誰的最好？」

售貨員答道：「自然是趙元任的最好。」

趙夫人指着先生笑道：「他就是趙元任。」

售貨員說：「別開玩笑了！他的國語說得這樣差，怎可能是趙元任！」

趙元任懼內，名聞同儕。一次清華大學選校長，有人提議聘請趙元任。蔣介石本來同意，但吳稚暉說：「如聘趙元任，不如圈定他的太太楊步偉。反正日後終須歸她管。」蔣知他懼內，最後聘請了梅貽琦擔任清華校長。

他曾編了一個單音故事，名為「施氏食獅史」。這故事

寫出來人人看懂。要是只用口說，那就任何人也聽不懂。

「施氏食獅史」故事如下：

石室詩士施氏，嗜獅，誓食十獅。施氏時時適市視獅。十時，適十獅適市。是時，適施氏適市。施氏視是十獅，恃矢勢，使是十獅逝世。氏拾是十獅屍，適石室。石室濕，氏使侍拭石室。石室拭，施氏始試食是十獅屍。食時，始識是十獅屍，實十石獅屍。試釋是事。

他音樂造詣極高，名曲〈教我如何不想他〉是他譜曲，劉半農填詞的。兒童小說《愛麗絲夢遊仙境》亦是由他翻譯。

1982年病逝美國麻省，終年九十歲。

趙元任既是語言學家，又是音樂家、數學家及物理學家，但他從不以此為榮。他一生最快樂及覺得最光榮的事，就是無論他到任何地方，當地的人都認他做「老鄉」。

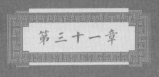

第三十一章

白崇禧

1893-1966

白崇禧，字健生，綽號小諸葛，廣西桂林南鄉山尾村人。白氏先祖姓伯篤魯丁，阿拉伯人，在元朝考取進士，曾任粵西廉訪副使，書香世代，是正統的穆斯林家庭。直至父親白志書這一代，棄文從商。

　　白崇禧自小聰穎異常，過目不忘，勤奮好學。十歲時，父親辭世，家境窘迫，族人仍支持他繼續學業。十六歲以第二名成績考入廣西師範學校。辛亥革命爆發後，加入廣西學生敢死隊，獲派十九步槍一支及150發子彈，與北洋軍作戰。

　　南北議和後，白崇禧被編入南京陸軍，再進入保定陸軍軍官學校。畢業後，返回家鄉任職，由少尉升至上尉。及後與雄踞玉林的李宗仁及黃紹竑聯手，時稱廣西三雄。李宗仁為人寬和，是個劉備式人物。白崇禧御下清正，恰如諸葛孔明，時有「李白」稱號。

　　白崇禧善於辭令，深曉兵法，恰比孫武，用兵如神。當時各地實行自治，白崇禧經常對中央政府陽奉陰違，恨得蔣介石牙癢難當。曾經吩咐手下，抓到白崇禧，立即把他幹掉。

　　抗日名將中，首推白崇禧。他以一己之力，扛着桂系幾

十年不倒。他所寫的《遊擊戰綱要》一書，以遊擊戰配合正規戰，以積小勝為大勝，以空間換時間的戰略思想，在抗日時期，發揮極大作用。因為他有勇有謀，時人稱他為「小諸葛」，甚至日軍稱他為「戰神」。

國共內戰期間，白崇禧在 1946 年四平戰役中擊敗林彪。若不是蔣介石把他調走，或許很難發生日後的遼瀋戰役。白崇禧的桂軍，最後還是給林彪殲滅。

1949 年，白崇禧由海南島飛往台灣，照例掛個閒職。但蔣介石並不放心，設保密局在白的公館對面嚴密監視。

夫人馬佩璋是當年桂林的大美人，五子白先勇是位大作家。1962 年馬氏去世，四年後，七十三歲的白崇禧死於臥室的地板上，身體發紫，牀頭半杯藥酒，而留宿陪他的女護士卻不知所終。

白崇禧死因之謎，一直流傳朝野，捕風捉影。白崇禧在晚年，經常進食壯陽補品。雖然坊間流傳說蔣氏怕小諸葛萬一溜掉，別說反攻大陸，能否保得住這片江山也成問題。然而在近年出版的《蔣介石日記》說這是無稽之談，一個七十多歲的老翁作得甚事！反而思之，日記的記載，是否也可盡

信呢！

　　著名作家白先勇回憶説，其父對穆斯林某些習俗，譬如
女性不得接受教育，戴面紗等極為反對，讓女性得回很多自
主權。他在廣西捐款興建多間清真寺，但也對其它宗教採取
寬容態度，極盡其力造福廣西桑梓。

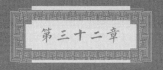

第三十二章

宋子文

1894-1971

宋子文的父親宋查理，海南人，本姓韓，名嘉樹。少年時隨姑丈遠洋赴美做雜貨店學徒。深感這個行業沒有出息，矢志向學。遂偷偷離開雜貨店，匿藏在一艘去波士頓的緝私船而被發現。他被立即帶到船長室。

船長加布里埃原是虔誠的基督徒，問其原委，原來是想偷渡到波士頓讀書。船長念其可憐，有心栽培他，便收留他在船上工作。遂問他名字。他稱說「嘉樹」。在外國，英文名字通常是名行先，姓隨後。船長以為「樹」是姓，便為「嘉樹」改了個英文名為 Charles「查理」。而「樹」字的海南發音像「宋」Soong，便成為 Charles Soong。船長因為要照顧他，便在該緝私船的職員名冊上寫上「Charles Soong, age 16」。為甚麼寫上十六歲呢？因為船員的最低入職年齡是十六歲。這是宋查理名字在美國最早有文字紀錄的證明。後來他回國探親，乾脆稱自己為宋查理。一個影響中國的赫赫家族，宋家王朝，竟然是如此誕生。

宋子文生於上海，父親雖然富有，但管教甚嚴。在家學習，中英並重，更要學識挨餓，深知窮人之苦。兒童時代，與姐姐靄齡合辦了《上海兒童報》，文章由幾兄弟姊妹來寫。

有時孫中山來家作客，宋家就辦起家庭晚會。宋子文唱歌，女孩子伴舞，宋查理夫婦鋼琴合奏。

早年宋子文就讀上海聖約翰大學。後赴美留學，先後獲哈佛大學經濟學碩士及哥倫比亞大學博士，1917 年回國。

1924 年，任孫中山創立的中央銀行行長。

1925 年，任廣東革命政府財政廳長。

1927 年，宋子文想把宋美齡介紹給譚延闓。他堅決反對宋美齡嫁給蔣介石，以免重蹈二姐慶齡嫁給孫中山之覆轍。譚卻勸道：「兒女婚事，毋用多管，何況兄妹，徒傷感情！」宋子文只得依從。後來還擔當女方證婚人，將宋美齡交給了蔣介石。

1928 年，出任南京國民政府財政部長。後擔任中央銀行第一任總裁，可謂權傾朝野。

他為母親在盧山建築別墅，認識了比他小十四歲的建築商女兒張樂怡，兩人琴瑟和諧，生活美滿。

1933 年，他辭去財政部長一職，創辦了中國第一家投資公司 —— 中國建設銀行。

1935 年，宋子文與大姐夫孔祥熙為了挽救國內日益嚴

重的經濟危機，決定發行一億元公債，導致日後一發不可收拾的美金公債舞弊案。

西安事變發生後，宋子文和宋美齡兄妹連袂去西安與張學良談判。由於他們和張學良私交甚篤，結果是和平解決。

1949年，蔣介石下野，宋子文去了香港，輾轉飛赴美國紐約定居。

1971年，宋子文參加一個聚餐時，因食物進入氣管而猝然去世，享年七十七歲。

在民國政壇上，蔣介石和宋子文是非常重要之人物。蔣介石雖是妹夫，然二人性格迥異。蔣在日記中經常提及受到宋子文的威脅，說他常以美援自炫。更說他飛揚跋扈。正因他們這種微妙關係，經常發生齟齬。一次由於吵架聲浪太大，屋內傳出摔杯之聲，跟着宋子文氣呼而出，拼命把門一關，轟然一聲，整座房屋震動。此後蔣拒絕接見宋子文，直至收到宋子文的認錯書，覺得還算誠懇，又想到西安事變時，曾捨命營救，於是同意見面，以示寬容。

茲錄「認錯書」如下：

兩月以來，獨居深念，咎戾誠多，痛悔何及。竊之於鈞座，在義雖為僚屬，而恩實逾骨肉。平日所以兢兢自勵者，惟知效忠鈞座，以求在革命大業中，略盡涓埃之報，而抗戰以後，內心更加興奮，無論在國內國外，惟知「埋頭苦幹」，秉承鈞座指導，竭其綿薄。無奈個性愚戇，任事每欠周詳，甚或夙恃愛護過深，指事陳情，不免偏執，而流於激切，此誠之粗謬，必賴鈞座之督教振發，而後始足以化其頑鈍，亦即於奉教之後，所以猛省痛悔，愈感鈞座琢磨之厚也。今以待罪之身，誠不敢妄有任何瀆請，一切進退行藏，均惟鈞命是聽。伏乞俯覽愚誠，賜以明示，俾能擇善自處，稍解鈞座煩憂，則此身雖蒙嚴譴，此心轉可略安，而曲予寬容，文無論處何地位，所以效忠圖報鈞座之志，始終不渝，必與青天白日同其貞恆。

惶悚上陳，伏祈　垂察。

敬叩　鈞安

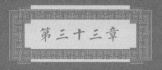

第三十三章

戴笠

1897-1946

戴笠，原名春風，字雨農，浙江江山人。感於晉代周處曾言：

> 卿雖乘車我戴笠，後日相逢下車揖；
> 我步行，卿乘馬，他日相逢卿當下。

遂改名戴笠，以示朋友之間貧賤不忘之志。

戴笠是中華民國軍統局局長，在 1945 年獲頒陸軍少將軍銜，當年美國 FBI 稱他為亞洲第一間諜，也被稱為軍統魔王。但這個殺人如麻的特務頭子，也曾經替當年中國銀行駐港副總經理貝祖詒的千金做過媒人。他的親筆作媒書信現存中國第二歷史檔案館，自稱雨弟。

二十一歲時投奔嵩山少林寺習武，學得一身好武藝。三年後在家鄉開設「春風武館」，曾獲六省武術散打冠軍。亦曾混跡上海灘。有次在杜月笙的賭場贏了大錢，驚動杜月笙駕臨，眼見他投擲骰子的本領，知道遇上高人，遂結交誼。

1926 年，以三十之齡考上黃埔軍校。第六期畢業後，做了蔣介石副官。蔣開始清黨，他竟然揭發同學中有二十

多人為共產黨員，而贏得蔣介石賞識。從此便栽培他為特務頭子。

1928 年蔣介石祕密成立情報機關 —— 中華民族復興社，戴任社長。

他不負厚望，出手不凡，殺人如麻。不少共產黨要員，甚至和蔣持相反意見的國民黨黨員及日軍將領，皆死於其特工手下。

1933 年，他刺殺北洋軍閥張敬堯。

1936 年，他想推薦結拜兄弟王亞樵 —— 斧頭幫幫主給蔣介石。但蔣說此人絕不可用，他連這個把兄也幹掉了。

1938 年，第一任民國總理唐紹儀也給他派人刺殺了。

1940 年，刺殺青幫頭目張嘯林及上海市長傅筱庵。

1941 年五月，軍統局破解日本海軍偷襲珍珠港的密碼，蔣介石通知美方，但不受重視而慘遭嚴重損失。

他規定部下特工不准結婚，以明殉國之志。對下屬要求嚴格，軍統局所有男士規定穿中山裝，女的穿藍色旗袍。而他卻熱烈追求影星胡蝶。為尋胡蝶歡心，知悉她掉失一套珠寶，特意打造同款的一套，假裝尋回，以討歡心。

1946年，他乘專機飛返上海，途經南京失事身亡。儘管有幾種不同的傳言闡述他的死因，蔣介石在退守台灣之後，感慨地說：「雨農若不死，我們今天也不至撤到台灣！」

　　後來周恩來在新中國成立時也曾說：「戴笠之死，使我們共產黨的革命，可以提前十年成功。」

　　章士釗在戴笠故居，曾贈對聯如下：

生為國家，死為國家，

平生具俠義風，

功罪蓋棺猶未定；

譽滿天下，謗滿天下，

亂世行春秋事，

是非留待後人評。

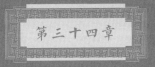

第三十四章

胡適

1891-1962

胡適，原名嗣穈，讀書時改名洪騂，後改名胡適，字適之。安徽績溪人。他一生擁有 36 個榮譽博士學位

父親胡傳擔任台灣鹽務，1893 年胡適隨母到台灣居住。

1895 年，甲午戰敗，台灣割讓給日本，父親亦於是年去世。胡適唯有隨母返回上海。

1904 年，在家人安排下，與江冬秀訂婚，是年只有十三歲。

1906 年，考入中國公學。

1910 年，十九歲考取「庚子賠款」官費生，赴美入讀康乃爾大學。

1915 入讀哥倫比亞大學。

1917 年回國，入教北京大學。他極力反對文言文，提倡普及的白話文，成為新文化運動主要人物。在陳獨秀主筆的《新青年》雜誌發表〈文學改良芻議〉。

此舉觸怒北大教授辜鴻銘及黃侃等人，曾數度攻擊他。一次講課，黃侃舉例說：「假如胡適太太死了，家人電報必云：『你的太太死了，趕快回來啊！』長達十一個字。而用文言文，僅需『妻喪速歸』四字即可。」

胡適始終不出惡言，一派謙謙君子風度。

1920 年，胡適的白話詩集《嘗試集》出版，風靡文壇，膾炙人口。

> 嘗試成功自古無，
>
> 放翁這話未必是。
>
> 我今為下一轉語，
>
> 自古成功在嘗試！

1927 年獲哥倫比亞大學博士學位，並與徐志摩等組織《新月》雜誌。

1928 年，擔任中國公學校長，不少名媛都以一睹胡博士的廬山真貌為榮，說道：「滿以為胡博士是一個白髮蒼蒼的老翁，原來卻是一個風度翩翩的美少年！」

沈從文經徐志摩推薦，禮聘他到大學教書。後來他說：「適之先生最大的嘗試並不是《嘗試集》，而是大膽把我這個沒上過學的無名小卒聘來做講師。」

1929 年 ，因寫《人權與約法》而得罪當局。胡適辭去

校長之職。翌年全家由上海搬往北平，當日只有一個門生羅爾綱隨侍在側，到了北平也沒有人來接。人去茶涼，胡適感慨良多。

1935 年來港接受香港大學名譽法學博士學位。

1937 年和徐志摩成立新月書店，並考證中國古典小説。

胡適著作甚豐，只是缺乏耐性，往往只有上卷而沒有下卷，如《中國哲學史大綱》、《白話文學史》。黃侃在中央大學上課時説：「往昔謝靈運為祕書監，而今胡適可謂著作監矣！」

學生問其所以，黃侃説：「監者，太監也。太監者，下面沒有了也！」

1938 至 42 年，胡適任中華民國駐美大使。之後一直生活於美台之間。

1962 年，在一酒會上，胡適多喝了一些，也多説了一些：「我捱了四十年的罵，從來不生氣，因為這代表了中國的言論自由和思想自由。」酒會快結束時，胡適心臟病發，猝然離世。

幾十萬送葬人潮，鮮花如海，天際彷彿飄蕩着他的詩句：

醉過才知酒濃，

愛過方知情重。

你不能夠做我的詩，

正如我不能做你的夢！

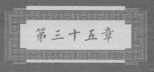
梅蘭芳

1894-1961

梅蘭芳，名瀾，又名鶴鳴，字畹華，江蘇泰州人。世代從事表演事業。

祖父梅巧玲，京劇第一代名旦，位列「同光名伶十三絕」。父親梅竹芬，善昆曲。伯父梅雨田亦是京劇琴師。

四歲亡父，由伯父撫養。五歲入私塾，八歲開始學戲。由於那時言不出眾，貌不驚人，老師放棄教他。他暗下決心，發奮篤學。再拜名師吳菱仙，從此走向藝術高峯之路。他自言從沒天分，全憑苦學。

1900 年，八國聯軍強佔北京，搶掠燒殺，以至屍橫遍野，人皆踏屍而行。北京所有戲院皆被燒毀，無戲可做。梅雨田也改行修理鐘錶。結果家中存放客人的鐘錶也被洗劫一空。目睹國仇家難，梅蘭芳幼小心靈，刻銘難忘。

梅蘭芳的成就，不僅限於個人的藝術修為，而是將京劇徹底改良，更以戲劇曲線救國。

京劇行中的青衣、花旦存着嚴格的界限，不可兼演。清代末年，京劇大師王瑤卿試圖突破，惜給保守派攻擊。梅蘭芳則繼承此未竟之願，一改過去青衣演員面無表情的表演方式，創造出新的表演風格，並把傳統中的中華美學融入京

戲，作出重大的改革和貢獻。

1907 年，他加入「喜連成班」，拜班主葉春善為師。

1909 年，他觀摩著名藝人王鐘聲改良演出的《愛國血》、《血手印》等話劇，啟發他以後排演時裝新戲。

1913 年，他在上海演出《穆柯寨》，一舉成名。

1914 年，他從《黑籍冤魂》、《茶花女》等諷世啟智的新話劇，逐漸認識演員對社會的責任。

1915 年，他上演《宦海潮》、《一縷麻》等十餘齣時裝新戲，揭露官場黑暗，抨擊封建社會婚姻。他從新改良古裝劇目《嫦娥奔月》、《黛玉葬花》；還把昆曲的《思凡》、《春香鬧學》等，都做了大膽改革，而又保留京劇特色。

於 1919 年，再次排演《木蘭從軍》及《霸王別姬》等戲目，從而梅派表演藝術風格逐漸成形。

1922 年，梅蘭芳接受香港太平戲院的邀請，一眾 140 多人來港演出。更於 1938 年，再度來港，帶起港人對京劇的認識及興趣。

梅蘭芳自幼喜歡畫畫，結識畫家如陳師曾、陳半丁及齊白石等。更於 1924 年拜齊白石為師。

1928 年，梅蘭芳自編京劇《鳳還巢》在北京中和戲院演出，萬人空巷，一票難求。

1930 年，開始前往美國巡迴演出，走遍美國各大城市，更被加州大學授予榮譽博士學位。

梅蘭芳自幼經過甲午戰爭、八國聯軍的洗禮，憎恨邪惡，熱愛國家。「九一八事變」後，他給抗戰受傷的淞滬戰士，義演籌款。他更先後創作及上演以反侵略為主題的《抗金兵》、《生死恨》，以舞台劇宣傳抗日。他仇恨日人侵略中國，1941 年偽政權力邀他演出，他蓄鬚明志，息影舞台。

1944 年，梅蘭芳作畫《春消息》，預示抗戰勝利為期不遠。

1951 年出任中國戲曲研究院第一任院長。

1961 年，因心臟病離世。一代戲曲大師為後人立下榜樣，光輝永垂不朽！

第三十六章

宋美齡

1897-2003

宋美齡，祖籍海南島文昌市，生於上海。家勢顯赫，父親宋查理，又名嘉樹（原名韓嘉樹，見本書宋子文篇），兄長宋子文，大姐宋靄齡，夫孔祥熙；二姐宋慶齡，夫孫中山，無不是當時叱吒風雲人物。

她在晚清的廢墟堆中誕生，在基督教的搖籃下啟蒙，在北伐的烽煙裏成長，在抗日的炮火中磨煉。她的一生跨越三個世紀，她協助軍人丈夫清除異己，她也曾為軍人縫製軍服，在日軍的空襲下救慰蒼生，恰像慈航普渡。然而在美國國會山莊的演説又令其成為鐵血紅顏。她的舞榭歌台，家愁國恨，傾一江恨水，只化作紙上煙雲！

宋美齡小時候，長得圓胖，外號「小燈籠」。六歲時入讀聖三一女塾。八歲隨二姐去美國，後入讀衛斯理女子學校。1917 年隨大哥宋子文回國。

在上海，她常為一些慈善團體籌款，參加時髦派對，一眾才子俊傑為之傾倒，包括張學良、蔣介石等。

1927 年，蔣介石終於如願以償，在上海舉行和宋美齡的盛大婚禮。婚後不久，蔣介石帶同宋美齡到奉化溪口小住。前妻毛福梅做了不少蔣愛吃的家鄉菜式，宋美齡乍嚐之

下，讚歎不已。

1936 年，西安事變，她和兄長宋子文趕去營救蔣介石。茲因宋氏兄妹和張學良是深交，達成談判之後，張學良釋放了蔣介石。在傳統道德上，張學良深覺以下犯上，以表謝罪，於是隨同蔣介石返抵南京。一到南京，隨即便被軟禁。張學良在軟禁期間沒有被殺，得力於宋美齡不少。

到台灣後，宋美齡每天早晨必閱各種中外報刊，平時喜歡閱讀歷史及傳記類書籍，也喜歡看電影。與人交流，總是面帶微笑，談話委婉適度。平時梳一小髻，貼身旗袍，穿高跟鞋，衣着得體，據說她是世上擁有旗袍最多的人。她有潔癖，總不離開蒸餾水。沐浴時加些牛奶。上牀後，習慣用手在肚皮上按摩，先是順時針二十下，跟着逆時針二十下，然後入睡，睡時從不露出雙腳。

宋美齡在美國多次演講，爭取美援。邱吉爾曾對羅斯福說：「這位中國女人不是弱者。」另一次在白宮晚宴，適值美國工人罷工，宴會上有人問宋美齡，貴國如何處理此事。她不發一辭，一隻小手輕輕在喉嚨劃了一下。

宋美齡膝下無子，蔣經國是毛福梅所生。她與蔣經國

一直都有距離，但大事上屢有默契。蔣介石去世後，她力挺蔣經國上位。無論在西安事變、抗日戰爭，宋美齡幾乎是個得到滿分的領袖夫人。

1971 年，宋子文逝世。美國總統尼克遜很想借這個喪禮機會，促成宋氏三姊妹的歷史性會面，分別發函邀請。結果宋慶齡及宋靄齡都沒有露面，宋美齡又被丈夫勸止。尼克遜聞悉，感慨地說：「我真不理解你們這些中國人！」

晚年時期，宋美齡寓居美國。大姐宋靄齡逝世後，二姐慶齡自知時日無多，託人帶信給美齡來北京敍舊。但太平洋彼岸的妹妹始終沒有回國。

恩空怨幻，百年卷軸，有如黃粱一夢。

第三十七章

張學良

1901-2001

張學良，乳名雙喜，字漢卿。

「雙喜」乳名的由來，是張作霖剛升官，又喜獲麟兒，認為是雙喜臨門，故名雙喜。

而「學良」之名，是奉天老將馮麟閣給他起的，希望他日後能學習西漢的開國元勳張良之意。

後來吳佩孚拜訪張作霖，見張學良聰明伶俐，應該有個別字才是。張作霖忙問：「甚麼別字才好？」

吳佩孚說：「張子房乃漢朝的大臣。臣者卿也，依我看，『漢卿』最適合不過。」

張學良雖然活到一百零一歲，而他一生事跡，到三十六歲便完結了，以後便乏善可陳。然他這短短三十六年，足以影響中國的命運。而他的一生精粹，當從一九二八年說起。

自 1928 年 6 月 3 日，張作霖在皇姑屯被日軍炸死後，張學良繼承父業。他不像乃父只為軍閥爭一日之長短，而時時刻刻不忘向日本報仇。

同年六月中旬，蔣介石軍隊迅速佔領了剛去世的奉軍統領所撤離的北平，同時向張學良表達和平統一的願望。張學良顧全大局，於 7 月 2 日就職繼任奉軍統帥時，發電

報給蔣介石，表明愛國愛鄉，願意和平統一，誓與日本不共戴天。願意決定於 7 月 22 日，東北三省將五色旗（紅黃藍白黑，代表漢滿蒙回藏）易幟，改掛國民黨的青天白日旗。

此次易幟，引起奉軍兩大重臣楊宇霆及常蔭槐不滿。楊更有取而代之之心，屢次在公開場合，出言蔑視張學良。楊早有反叛之心。在「九一八」事變中，竟然將他剛購買的三萬挺新式步槍，原封不動地留給日本人。而他統領的十幾萬東北軍，面對一萬多名的日軍，竟然不抵抗而讓出東北。

張學良深覺主帥地位受到威脅，難以施行政令，遂起殺楊之心，但總是下不了決心。夫人于鳳至為他想了一個辦法，讓他在大帥靈堂前占卜決定。結果一連六次皆曰殺，張學良才下定決心殺楊。

當晚九時，楊宇霆及常蔭槐如常前來大帥府。張學良早已埋伏六名親兵。待副官宣佈兩人罪狀後，伏兵立即出現。兩人猝不提防下，頭部連中多槍而死。張學良本不想殺常蔭槐，只不過他跟楊宇霆一齊前來，命中注定而已！

張學良素知楊常二人屢立大功，故不株連殺戮，並發一萬元撫恤金予其家屬。

1930年，五月至十一月，蔣介石與馮玉祥、閻錫山及李宗仁爆發中原大戰。張學良站在蔣介石一邊，被蔣介石任命為海陸空副總司令，從此平步青雲，並與蔣介石義結金蘭。

1931年，蔣介石宣佈「攘外必先安內」政策，致令日本有機可乘，東北開始落入日本人手中。

面對日本的進逼，張學良請示蔣介石，蔣回答說：「不要驚慌，有九國公約保護，日本不敢佔領我國土地的。萬一日本進攻，也不可抵抗，以免將事態擴大。」

茲因中原大戰得勝，蔣、張二人心情大悅。張學良少帥本天性風流，樂不思蜀，更日日酬酢，夜夜笙歌，已忘記自己東北土地早已落入日本人手中。

「九一八」一聲炮響，大好河山已拱手讓人。只可惜張學良遵奉蔣介石「萬一日本進攻，也不可抵抗」的命令，落得「不抵抗將軍」的惡名。更遭受不知始末詳情的馬君武教授，寫了一首《哀瀋陽》之詩來抹黑如下：

趙四風流朱五狂，

翩翩蝴蝶最當行。

溫柔鄉是英雄塚，

哪管東師入瀋陽。

趙四趙一荻小姐，當時是和張學良打得火熱，但朱五朱湄筠小姐是當時北洋財政總長朱啟鈐的女兒，只不過是有過交往，而影星蝴蝶跟本與張學良一點關係都沒有。張學良卻從來未有為此詩和自己辯護。

反而數十年後，朱湄筠一次在香港的宴會上見到馬君武，上前對馬君武說：「你認識我嗎？」

馬君武愕言道：「我不知你是誰？」

朱湄筠說：「我就是你一手捧紅的朱五了！」

事變後，張學良向蔣介石請示。蔣說：「瀋陽日軍行動可作為地方事件，力避衝突以免將事件擴大，一切對日交涉聽候中央處理。」

東北淪陷，張學良又蒙不白之冤，一度吸食大煙，萎靡不堪。幸好結義兄弟宋子文勸他出國，戒除毒癮，脫胎

換骨回國。

1934 年，蔣介石派他往陝西剿共。接戰下，驍勇善戰的東北軍潰不成軍。部下説我們哪有士氣，日本人佔領我們東北，不讓我們打日本人，卻偏偏要中國人打中國人。而且很多被俘的官兵，不僅沒有給紅軍槍斃，而且受到尊重，願留者歡迎，願去者歡送。而釋放回來的官兵，都大力宣傳紅軍的優待政策，動搖了張學良剿共的決心。

1935 年 11 月，蔣介石在國民黨五大會議上，當眾大罵道：「有些無能將領（暗示張學良），二、三十萬大軍，都打不過一、二萬流竄的殘兵，簡直窩囊、草包！」停發軍餉並拒絕發放兩個陣亡師長的撫恤金。

張學良思想開始變化，對「攘外必先安內」的政策開始懷疑了。

1936 年開始，張學良和紅軍祕密接觸，達成停止交戰的協定。

1936 年 12 月 12 日，張學良、楊虎城發動舉國震驚的「西安事變」。囚禁了國民黨領袖蔣介石。宋美齡、宋子文親赴西安，周恩來直接參與和談。結果蔣介石口頭答應停止

內戰，團結一致抗日。西安事變和平解決。

在傳統禮教觀念下，張學良深覺以下犯上，效法廉頗負荊請罪，不顧眾人勸告，執意親自護送蔣介石回南京。一到洛陽，蔣介石已經決定終身囚禁張學良了。

在 1990 年，張學良口述歷史中強調，坊間所傳蔣介石所發出的「不抵抗命令」手諭，是在其妻于鳳至手中。這跟本是瞎說！這個命令是我下的，是我誤判當時東北形勢而下的命令，根本與中央或蔣介石無關！

歷史是由勝利者所寫，孰真孰假，又何必深究呢！